料理狂

木村 俊介

幻冬舎文庫

料理狂

はじめに

本書は、おもに一九五〇年代の前後に生まれた料理人のみなさんの体験談を集めたものである。

註釈のセリフには菓子職人、支配人、各種食材業者などの実感も収録し、計二五人ぶんの肉声をまとめている。フランス料理、イタリア料理の世界の方に多く話を聞いたために、おもに一九六〇年代から七〇年代にかけて異国で数年働き、現地の料理を日本に伝えるという側面の談話が目立つことになった。

国内で仕事を続けるにしても、あるいは海外生活後に国内で仕事をするにしても、職場を替えながらの移動する労働者としての体験が多く、生活も人生も懸かったタフな「旅」の土産話を聞いたようなところがあった。

いまさら「旅」でもないだろうという意見もあるだろう。世界はどこも切り拓かれ、冒険家も探検家も減り、若い日本人の海外旅行も下火という状況ではないか、と。しかし、いまはもうだいたいのことが開拓しつくされ、「旅」などの移動による発見はない時代なのかと言えば、そんなことはないように感じられる。

むしろ、最近は雇用不安から転職、退職、市場開拓などの必要に迫られ、「生活の懸かった移動」を考える局面に直面する人も多いのではないか。本来の意味での「旅」とは多少ちがうかもしれないけれど、生命を懸けるという面では観光旅行などよりもタフな意味での「旅」に近いように思える。つまり、現代の若い日本人は旅行をあまりしないとしても「旅」のような移動の場面には日常的にさらされているのではないか、というのが、私の見解である。

そこで本書には、いわば「仕事の旅人」たちの、体をあちこちにぶつけて身につけてきた経験による知恵、店頭で客前にさらされて体感した知恵のようなものも詰めておいた。

ベテラン料理人たちの経験談は、奴隷労働のような量の手作業を何十年間もこなし、これまでなかった市場を開拓してきたという、量が質を作りあげた過程を見せてもくれる。右肩あがりの時代においても、大企業や工業化などの高度成長の主流にコミットする競争には人生の早い段階で参加しなくなり、しかし、それゆえにかつては水商売と蔑まれた分野で文字通り自分たちの「手」で信用を蓄積し、世界一グルメな国、とまで言われるほど信用される食文化の一端を担うようになった。そんな苦闘から身をしぼるようにして出された言葉の数々が、何かを開拓しようとしている人の参考にならないはずはない、と感じている。

現在、日本は、世界に冠たる「美食」と「漫画」の国である、などとも言われている。

職業的なインタビュアーである私は、そのふたつの対象について、料理は「専門料理」（柴田書店）誌上で、漫画はおもに「モーニング」（講談社）の公式サイト、「週刊文春」（文藝春秋）誌上などで取材を続けてきた。そして、当事者たちの生の声を聞くうちに、そのふたつの仕事の間には重要な共通点があるのではないか、と感じるようになった。

本書は、その「料理と漫画の仕事の共通点」を両者の価値の中心として見たうえで、そのうちの料理の世界に携わる人たちの肉声を紹介することも目的にしている（漫画の世界に携わる方々の肉声は、現在、「モーニング」公式サイト上の連載「漫画技術論」で追いかけている。その一部分は『物語論』／講談社現代新書で発表もしている）。

料理と漫画の共通点には、たとえば「手作業が直にお客さんに感知され、高級とされるもの、または人気のあるものほど手作業の機械化が進んでいない」といった興味深い面もあるが、ここで重ねて伝えておきたい要素は「とんでもない労働の分量」だ。料理や漫画を作る人たちは、かならずしも、資格、学歴、巨大組織の一員としての身分保障などには恵まれてはいない。つまり「誰にでも、可能性は開かれている」という世界で仕事をはじめた人たちと言えるかもしれない。ただし、現実的な作業量が多いため、仕事をはじめてみたら、ほかのことはまるでできなくなり、いわゆる「つぶし」が利かなくもなっていく。

しかも、それぞれの技術なり作品なりはお客さんのきびしい評価に直接さらされる。アマチュアによる評価や、運なども含めたよくわからない環境、境遇にも左右されてしまう。プロ好みの技術が一般のお客さんに受けるとは限らなかったりもする。人気商売の中で、ミもフタもないような結果を突きつけられる。要するに、いつも「売れるのか、売れないか」みたいな矛盾だらけの結果論にも巻き込まれることになるわけだ。

趣味を仕事にでき、個人の技能で道を開拓できる点では夢もあり、市場の規模は大きいから経済的にも可能性のある分野ではある。しかし、実際には悲惨な末路を辿った人も多い。資格、学歴、社員としての雇用などで社会的に守られているわけではないから破産者や自殺者も多いという、ある意味では犠牲者のたくさんいる世界でもあるようなのだ。

つねに競争にさらされ、マネやパクリも横行している世界で、どうやって仕事を続けていくのか。本書では、そうして犠牲者も多いからこそ質が高まったかもしれないという種類の、手作業の労働量の多さの中で生き残り、世間に価値を提出してきた方々の言葉を紹介する。「貧しさ」から生まれたゴツゴツとした肉声の中にこそ「美食」と言われるものの原点があり、料理の価値などについて考えるきっかけにもなるのではないだろうか。

本文では、質問者である私自身は姿を消している。ムダな言葉はひとことでも削りたいし、読んでくださる方には、より直に、より深く、発言の中に潜り込んでいただきたいからだ。取材者なりの評価や質問の内容などは、肉声の選択と配置によって提示しておいた。

「現地修業で失敗しても、何回でもやり直せばいい」

谷昇／フランス料理

東京・神楽坂のフランス料理店「ル・マンジュ・トゥー」のオーナーシェフである谷昇氏（一九五二年生まれ）には、二〇〇七年の一一月一五日、一一月一七日、二〇〇八年の一月一五日に話を聞いている。

小さい頃は、かつて軍人だった父親から「いちばんになれ」と教育されていました。父は戦前には士官学校卒のエリートでしたが、終戦後はシベリアに抑留されて公職追放に遭い、そこから事業をはじめた。苦しかったであろう父親が出世の階段を昇って上場企業のトップにまでなったなんていうプロセスを思ったら、自分は甘ちゃんだよなと感じています。

ぼくはその父親の言う通り、小学生の時には成績はトップクラスだった。ただ、中学生の頃には遊びはじめて、高校時代には麻雀漬けになっちゃった。その頃は学生運動の時代だから、高校の授業は自習ばかりで、校長も教頭も学校をやめていきましたね。

高校の近くの早稲田大学の近辺では大学生が機動隊に向けて石を投げつけている様子などが見えていた。で、自分の入れそうな大学となるとどんなものなんだろうとおそろしく思っていました。父親に進路はどうするのかと問われて、そう言えばともだちは「将来は料理をやる」と言っていたなと思い出して、とっさに「料理」と言っちゃった。

それで、専門学校に進みました。学校を出たらフランス語も勉強しながら店に勤めていたし、二四歳の頃にフランスに行くまでは順調で、自分でもできているほうかなと思っていたんです。

でも、そこでコケた。まず、フランスに行って、入国審査の段階で、もう言葉がわからないんですね。バスもまちがえるし、タクシーにはだまされるし、住むところに着いてみたら築一〇〇年以上は経っている古い屋根裏部屋でした。

ツテを頼って日本大使館に行ってみても休館日で、どうもうまくいかないなぁ、と。それで、公園で鳩にパンをあげていたら警察官にガバッと両腕をつかまれて「……パスポートを出せ！」と疑われてしまったりしてね。もう、何日か過ごしただけで日本に帰りたくなってしまったんです。

日本人のともだちに紹介してもらったパリの料理店でも、あ、こいつは言葉がよくわからないんだと知られたら、よくからかわれました。結局、そこは「バカ野郎！」と日本語でタンカを切って一週間でやめちゃいましたね。フランスでは一〇年間は修業するつもりでしたから、こういう状況はけっこう痛かったんです。

ぼくは二二歳で結婚して、フランスに行った当時は妊娠中だった奥さんに、すぐに「帰りたい」と手紙を書きました。そのあと奥さんから届く手紙には涙でできたシミがあってね。そりゃ、そうだよね。だって、出発前はそのうち親子三人でフランスで暮らそうなんて話していたんですもん。だからこそ、行ったとたんに「ジャポネ！」とののしられる差別待遇はぼくにはきつかったな。

おまけに、ぼくはフランスに行った二ヶ月後にはリヨンのレストランで働く予定だったんだけど、そこに行かないでパリに留まりました。理由は、大荷物を抱えてリヨン行きの地下鉄に乗ろうとしたら、荷物を入れただけで改札の扉が閉まっちゃって、それでもう面倒くさくなってしまってリヨン行きはやめにしよう、と。最低なやつでしたよ。あとは自分の持っている残りのお金を数えながら缶詰とバゲットで食いつなぐという生活になりました。

……と、まぁ、この話は「温室育ちのやつが、そんなふうに挫折していきました」という、昔もいまもよくあるタイプの体験なんですよね。情報もないまま憧れて、きびしい現実に耐えられなかった。それだけのことです。その後は、いくらパリで働いてはいても、それはお金を稼ぐための純粋な「肉体労働」にすぎませんでした。仕事で料理をやるとは言っても単純作業ばかりでしたし。そんなふうに約一年間は無名の店にいて、単純な労働と言葉に追われていました。結局、修業にもならないまま日本に戻ると、帰国したあとの一ヶ月間は家に引きこもっていましたね。

つらかった。自分の中では、どん底だった。これ、同世代の料理人に比べて、どれだけさみしい、恥ずかしい海外体験か。ただ、ぼくはかっこつけるタイプだったから、どこかで失敗をしていなかったら、他人の痛みをわからない人間になっていただろうと思う。これはぼくにとって必要な経験でもあったんじゃないのかな。

引きこもっていたぼくに電話をかけてくれたのは、フランスに行く前に働いていた「イル・ド・フランス」という店のオーナーシェフであるアンドレ・パッションさんでした。ぼくはそもそもパッションさんに紹介していただいたリヨンの店で働くことを向こうで無断でやめてしまった。それなのに、優しい声で電話をかけてくれたんです。

「タニ、何やってる！」

神の声のように聞こえましたよ。いまだに頭はあがらないし、ダメな自分を育ててくれた大切な先生だと思っています。何十年かあと、ようやく自分の仕事が軌道に乗ってからお店にうかがったら、パッションさんは「タニは頑張っているな」と泣いてくださった。

ただ、日本で仕事に復帰しても、しばらくはフランスでの失敗を引きずって、劣等感でピリピリしていて心を閉ざしていましたね。

家族や仲間に対して素直に接することもできなくて、職場では「他人に弱点を見せないこと」に必死でした。朝も夜も、いつも仕事ばかりで家のことは放ったらかし。ピリピリしていた。

そういう無理や負担は今度はぼくじゃなくて奥さん、つまり家庭にたまっていくから、いくら仕事や料理には真面目でも、生活の歯車は空回りしていきました。家族も自分も、精神的にかなり追い込まれていた。そんな時期に、息子が亡くなってしまったんです。

取り返しのつかないことが起きてしまった。もう、とにかく家族に負担をかけない生活をしようと思いました。それでレストランの現場からは離れて、料理学校に就職して学校の先生になったんです。

でもね、料理学校に就職した、給料も増えたというところまではよかったんだけど、やっぱりもともとは料理人ですから、離れてみるとやっぱりレストランの現場が恋しくて、どうも心はすさんでいましたね。学校では、朝の九時から夕方の四時半まで働けばよかったんだけど、いちいち店でのタイムスケジュールが気になっちゃって。「あ、現場ではまかないの時間だ」「そろそろ、開店前のスタンバイか」と思いながら仕事をしていました。

給料はそれまでの一・五倍になったから生活はラクになったけれど、目はトロンとしていたんじゃないかな。そのうち、情けないんですけど、まぁパチンコ屋で閉店まで粘るようになっちゃった。

これ、もう「家族に負担をかけない生活を」という気持ちからも離れてしまっているよね。だから奥さんに相談して、レストランの現場に復帰しました。復帰した現場では、ある店の料理長を任せてもらったけれど……十何人かを束ねる身分になると、自分はまだ実力不足であるということがすぐにわかりました。

こうしたいという料理の意図はあるのに、技術も説明も稚拙だからかたちにならない。スタッフに対して言葉【＊1】での説明ができないということは、ほんとうはわかっていなかったということなんだなとつくづく思いました。

それなら、もっと勉強をしなければならない。訓練も重ねたい。それですぐにシェフをやめさせてもらって、井上旭さんがシェフをしていらした「ドゥ・ロアンヌ」というレストランで何ヶ月か研修をすることにしました。この店の調理場というのは、言葉にはできないぐらいきびしかったですね。

フランスで何年も修業をしてきた人でも「ついていけない」と何日かでやめたりしていた。しかも、まわりのスタッフはほとんどぼくより年下なのに、彼らのほうがぼくよりはるかに仕事ができるんですよ。

もう年齢的にもやり直しがきかなくなっているなと思っていた頃だったからめげたし、体力的にもボロボロだったんですけど、不思議に「やる気」が湧きあがってくるんです。

パリにいた頃には、かなり打ちひしがれたんですけど、「ドゥ・ロアンヌ」では、悔しさが溢れてきて仕方がなかった。

「クソ、見てろ！　やってやるぞ！」

そうやって肚《はら》を括《くく》ってからは、もうフランス料理の勉強だけに集中する生活を送ることになりました。あとはまぁ地味なもんですよ。研修をやってみて、ほかのすごい人たちと技術で勝負をするのは無理だろうと思い知ったので、視点を変えてみたんです。

つまり、技術の前に大事なものとして控えている、フランス料理についての知識や歴史を、地道に本で勉強していくことにしたんですね。これが、どうも自分には合っていた。

フランスの料理や歴史に関係がありそうな本ばかりを買って読んで勉強していると、だんだん焦燥感が消えていきました。

「自分は、数百年間続くフランス料理の歴史の現時点にたまたま参加しているだけなのだから、一年や二年でどうにかなるはずがない。のびのび勉強を続けていこうか」

開き直ることができた。それに、勉強をしていると、貴族のために情熱を傾けたり命懸けで主人に仕えたりした過去の職人たちの姿が伝わってくるんですよね。「自分はそういう職人たちの築いてきた普遍的な食文化【＊2】の上で料理をやっているんだ」という立ち位置もわかりました。

「ドゥ・ロアンヌ」の研修が終わったあとには、腰痛がひどかったのでしばらく療養するという生活を送っていました。ただ、そうしていても、あちこちのレストランから「うちに来ない？」とは誘われないという現実もあらためて知るわけです。

だから、いろいろな店でアルバイトもしました。レストランが経営している食品会社の工場でも働きました。そうして何年間かは現場を離れたりもしたけれど、前に料理学校の先生になった時のようには無気力にはならなかった。遠回りをしても、どこかでフランス料理に携わる仕事だけはやめないでいたなら、料理の世界をいろんな角度から勉強できるだろうと思っていたんです。

「長くやっていればいいってものでもないけど、長くやるだけのことはあるというのがこの世界なんだから、自分は料理の勉強を続けていこう」

そう思っていたので平気でした。それから、「仕事か家庭かと言われたら確実に仕事を選ぶけれど、家族に何かがあったら仕事はすぐにやめる」という、家族と接していくうえでの自分なりの方針もこの時期にできたように思います。

そうやって、料理の勉強をすることに関しての迷いはなくなっていったんですが、フランスでのつらい過去に対してはきちんと清算はできていないままでした。

だから、三七歳の時にチャンスをいただいて、フランスにもう一回行ってみたんです。アルザスの三ツ星店「クロコディル」で働いたのですが、そこの調理場にいると、技術の面でも思想の面でも、言葉や工夫の面でもおれは負けていない、と気づけた。むしろ、魚を調理する技術などによって周囲を驚かせることができていた。

「タニ、天ぷらを作ってもらえないだろうか？」と言われたら日本人である利点も活用できた。働く時間は朝の六時から夜の一二時までだったけど、たいへんだとは思わないで、むしろ余裕を持ってやれていました。「あんたらよりもできる日本人、たくさん見てきたんだからね」と、三ツ星の技術も客観的に見ることができて、過去のトラウマみたいなものをようやく払拭《ふっしょく》できたんです。

学ぶこともありました。たとえば三ツ星の店で使われる素材というのはやっぱりものすごいんですね。同じ素材を日本で出すのは無理だなと思いながら、ヒマさえあれば最高の素材を食べまくりました。そして、その後の二ツ星の店で「スーシェフとして残って働いてくれ」と言われました。もうこの言葉で、過去の悩みはすべて終了。

休日にはチーズやワインの産地に出かけ、「フランスの大地はこんなにも素晴らしいのか」と感激しましたよ。そうして、フランス料理の素材と土地との結びつきを体で感じられたので「現地でのフランス料理」と「日本でのフランス料理」との間にきっちり「線」を引くこともできたんです。……と、自分は失敗だらけでしたからね、若い人には「人生は長い。踏んばりどころはたくさんあるよ」とは伝えたいな。

　それに、とにかく勉強って終わらないもので、その二回目のフランスから帰ってきたあとでも、そこから日本で何店かのシェフをしたあとでも、いまに至る「ル・マンジュ・トゥー」でのオーナーシェフとしての生活でも、いつも、「おれ、小僧だった時代よりも勉強しているな」と思ってきましたから。

　うちはいまは基本的には夜だけの営業ですが、毎日、午前一一時から一時間は通気孔の裏まで掃除をして、それから仕込みをやります。営業が終わると午前一時過ぎまでは片づけをしたり素材の整理整頓をしたりしています。一日でもサボったら汚れは落ちにくくなって、素材も機材もダメになりますからね。掃除と整理は、仕事の基本なんです。

　それから、うちには休憩時間がありません。午前一一時から、翌日の午前一時や二時という夜中まで、ずっと立ち仕事です。昼のまかないは立って食べています。スタッフには終電の時間を気にしないように、自転車圏内に住んでもらっている。それでも時間が足りないのがこの仕事ですね。

　ほんとにバカみたいに時間がかかる仕事です。その「バカみたいに時間がかかること」に仕事の本質があるのだと思っています。いま、五〇代なのに年に三〇〇日ぐらいは店の屋根裏部屋に泊まって銭湯に通っているというのは、単純に仕事が終わらないからなんですよ。店の屋根裏部屋はシンプルで勉強部屋のようなものです。「素材が中心にある」という言葉が壁に貼ってあったりする。あれは雑誌を読んでピンと来た言葉を紙に書いたんですよ。置いてある料理や歴史の本は、翌日の料理のことだとか店の経営のことだとかを考えて眠れなくなったら読んでいますね。

ぼくがなぜ休日以外には家に帰らないのかと言うと……やっぱりリラックスしてしまうからです。ほっとしてしまう。

そんな自分だから集中力を持続させるために、毎日合宿しているかのように仕事をしようと思っているんです。それに、店の中でひとりで過ごす時間も何だか大事なような気がします。フランス料理って演出も装飾も必要でしょ？　だから、営業時間中は現実と虚構の混ざり合った状況になっている。

それが終わって、お客さんの「気」みたいなものがまだ残っている店の中で、深夜にポツンとひとりで気持ちをクールダウンさせることも、精神の安定にはいいんですね。

ただ、そうやって二四時間ほとんど店の中に閉じこもるという生活は囚人のようだとも無間地獄のようだとも感じることはあります。でも、自分には才能がない【＊3】しさ、それに昔からいろいろな職人たちが命や時間を犠牲にして仕事に打ち込んできた歴史を想像すれば、まぁ当然のことかなとは思います。

長時間労働なのか、あるいは技術や意識なのかはわかりませんけど、素人にはできないことをやるのがプロだと思っていますから。

ただ、たいへんな仕事をやっているとは言っても、だから家族は放っておいてもいいとは思いません。同年代のオーナーシェフはみなさん言われることですけど、この仕事って家族の全面的なバックアップがなければ続けていけないですからね。

普通の仕事とは労働時間がぜんぜんちがっていて、しかもぼくの場合は店に泊まっているんだから、家族の協力が得られなければ家庭が崩壊してもおかしくない。

だから、「家に帰れなくてごめん！　でも、家族なんだから、理由がなくてもいつでも店に来ていいんだよ」とは、ことあるごとに伝えてきました。今晩も、営業時間が終わったあとに息子夫婦が来てくれたので「うわ、おまえ、シャレた洋服を買ったなぁ！」なんて笑いながら近況を伝え合いました。

長男も長女も、そんなふうにして育ててきたんです。それと、家族の協力が必要とは言っても、奥さんを使用人のように思ったり、何でも頼ったりしたらダメだと考えているんですね。ぼくは休みの日に家に帰ったら、自分の身につけているものの手入れは自分でしていますよ。

もちろん、こんな生活をすることを許してくれている奥さんには頭があがりませんから、「ぼくはいま、寝食を忘れて仕事をしているけど、もしもあなたが病気になったら、すぐに仕事をやめて看病するからね」と伝えています。

で、休みの日には「この一週間で何が起きたか」について奥さんから聞くマシンガンのようなトークにつきあう。うんうん、って、ぼくはうなずきマシーンみたいになってるかな。こんな感じで、自分らしく家族と暮らせていると思っています。

最近では店に泊まる生活にも慣れたけれど、一九九六年に「ル・マンジュ・トゥー」のオーナーシェフになりはじめた時期には、とにかくつらかったですね。毎日、仕事がぜんぜん終わらなかったですから。朝の七時や八時までやっているのに、まだ仕事が終わらないの。

「おい、もう近所の中学生が登校しているじゃねぇか」

そう思いながら営業のための準備をしていました。徹夜って、一日や二日ではたいしたことないんですけど、あれが毎週、毎月、毎年のように続くとものすごくきついんですよ。その頃はだいたい一日に一八時間ぐらいは働いていたと思う。時間も、心の余裕も、それからお金もまるでなくて、緊張のあまり一日に一食しかノドを通らなかったですね。

もともと「自分の店をやりたい」という気持ちがなかったんです。かつてシェフをしていた青山の「サバス」が閉店になって、ぼくはそのあと六本木の「オー・シザーブル」のシェフになったけれど、「サバス」時代のスタッフを全員はその店に連れてこれなかった。

それで、ちょうど「シザーブル」の業者さんが「市ヶ谷の『ル・マンジュ・トゥー』というレストランを手放すんだ」と話をしていたのを聞いて、「買い取れば『サバス』のスタッフたちの就職先になるだろう」と思ってオーナーになった。

そのまま「ル・マンジュ・トゥー」はそのスタッフたちに任せていたけど、アッと言う間に経営が悪化して。奥さんから「来月から支払いができない」と言われましたね。それでもう自分がやるしかないなと思ってシェフになりました。その時点ではじめてオーナーシェフになったんですね。

それまでは大きい店のシェフばかりしていたから「厨房がせまい」とか、「コースは『シザーブル』時代の一皿以下の値段か。これでどうやったら営業が成り立つの？」とか、いろいろ思いましたけど、贅沢は言えません。

席の数は一四で、昼は一五〇〇円、夜は三八〇〇円という価格帯で店をふたたびはじめることにしました。三日間、お客さんがひとりも来ないなんていう生まれてはじめての経験もしたからかなり怖かったですけど、とにかく二年間ぐらいは店の中に缶詰になるような生活をしていたら、ようやくお客さんの信用を取り戻せたようでしたね。

やってるうちに、オーナーシェフの仕事は料理だけではないこともよくわかりました。たとえば、お客さんに料理に絡めたおもしろいネタを話すことも仕事のうちでしょ。楽しんでいただく仕事なんだもんね。いまでも、時には「自分で持って参りました!」なんて客席に料理を運びながらお客さんと話すこともあります。

はじめは、オードブル、メイン、デザート、コーヒーで一五〇〇円というランチを提供していたので、まず原価を五〇〇円におさえなければなりませんでした。すると、牛肉や地の魚は使えない。養殖の魚や余った素材を何とか工夫して使わなきゃいけなかった。一五〇〇円のランチでは満席になっても利益はわずかでしたし、いかに一〇〇円や二〇〇円が大切なのかということも痛感しました。

それに、ガスは四つの口しかないから準備は夜中にまとめてやるだとか、工夫しなきゃいけない状況も自分を育ててくれた。当時、お客さんからは「こんなグラスでワインを飲ませるの? こんなボロ小屋でフランス料理を食わせるのかよ!」と言われたこともありましたが、こちらとしては時間をかけてお金を貯めて環境を改善するしかなかった。

だから、深夜にタクシーで帰るよりも、店に泊まって節約したらいいグラスが買えるかな、とそれが店に泊まりはじめるきっかけでした。素材や道具を大切にしているのは、資金難も経験したからこそと思っています。

いい素材を扱いたいと、ディナーの値段が三八〇〇円、五八〇〇円、八〇〇〇円、一万円、一万二六〇〇円とあがっていったのも、お客さんからの期待や愛情に応えながら次第に料理の内容をシフトさせていった結果なんです。ジビエであるベカス（キジ科の渡り鳥、ヤマシギのこと。フランス料理においては「ジビエの王様」とも言われ、ジビエの中でもとくに希少で高価、かつ美味とされている）や高級なトリュフなどを使えるようになった時には「ようやくここまで環境が整ったのか」とうれしく、ありがたく思いました。

二〇〇六年に改装をすると、料理の内容も店の中の雰囲気もかなりよくなりましたが、この改装もギリギリまで待ってからやったんです。八ヶ月間かかる工事の期間にも、スタッフの給料は出さなければならなかったですからね。いまのように一万二六〇〇円のディナーのみで営業するまでには、やっぱり一〇年間の時間が必要でした。

ぼくは、いわゆる日本のグランシェフたちのように料理だけに邁進《まいしん》してきた輝かしい経歴を持っているわけではありません。「もっとおいしいものを」ということだけに向けて頑張ってきたと言うよりは、料理を左右するまわりの環境が整わなければ「自分の皿」は成立しないと考えてきたほうです。

そもそも、十何年か前の「ル・マンジュ・トゥー」では、いまの素材や料理を出すことはお客さんが許してくれなかったですからね。だから、料理、サービス、店の雰囲気、お客さん……と環境の外側をジワジワと埋めなければならなかった。ぼくはそういう「遅咲き」なんですよ。

同世代の尊敬する料理人たちからうれしい評価をいただけるようになったのもつい最近のことです。ただ、時間をかけて環境の外堀を埋めてきてよかったなとはことあるごとに思わされるのですよね。

物理的に時間をかけることについては、現在でも毎日やっています。最新の調理器具はあまり使わない。スピードはあっても、滋味を壊してしまう機械がありますからね。それに、いざという時に機械が壊れて「あれがないからできない」となるのも好きじゃないんです。まぁ、おかげで原始的にやりますから、準備や仕込みにえんえんと時間がかかっているんですけど。

改装で八ヶ月ほど店を閉めていたあと、フランス料理が大好きなお客さんから「この八ヶ月間、一回もフランス料理を食べなかったよ」と言っていただいたことがありました。それほど楽しみにしてくださっていたんだ、とありがたいし、ほかにもたとえば旅行中にもわざわざこの店のことを思い出して「素敵なものを見つけたので」とぼくやスタッフにおみやげを持ってきてくださる方もいらっしゃる。

料理人ってほとんど囚人のように店の中に閉じこもっている仕事ではあるんだけど、このわずか二〇坪の店から世の中のあちこちにいる人たちと気持ちが強く結びついてもいるんだよなと思うと、いいものだよなと思います。

この仕事の中心は、そういう人と人のめぐりあいやぶつかりあいなのですね。料理を媒介にして、お客さんとは生老病死も含めてのおつきあいになる。口に入るものを提供するのだから、命を預かることでもある、誇りの持てる仕事なんですよ。

……ただ、まともな仕事じゃないよなと思わされることはよくありますよ。お客さんを選べないし、匿名でインターネットでボロクソに言われることもある。頭に来ることも頭を下げることも多くて、料理が好きというだけではとても続けられない仕事だとは思うんです。

実際、「料理が好き」というだけで、残念ながら潰れてしまった若い人もたくさん見てきました。何と言うのかな、仕事は趣味じゃないからね。「好きなだけ」という領域を超えて、「調理場に立ちたくねえなあ」というぐらいの重責や重圧を感じるようにならなければ、ほんとうにいい仕事はできないんじゃないのかな。

若い料理人にアドバイスをするなら、いつもそのポイントで、なんですね。店を続けるということは接客を続けることなんだということを、どうかよく知っていてほしくて。うちの営業についても料理だけを見ていたら不充分で、十何年間も一緒にやってきた相棒である楠本典子のサービスなしには語れません。料理人が料理に集中するためには、サービスと資金管理が必要なんですよね。あとはもう頑張るしかない。そして楽しむこと。

まぁ、サービス業というのは、基本的には「人が休んだり遊んだりしている時にそれに奉仕する」というかなり地味なものでしょう？　プライベートを充実させている料理人は信用できません。

同じ仕事を何万回もやって、ようやくよどみのない仕事ができる。何万回もやっていたって、時には失敗をして打ちのめされることもある。つらいよね。でも、ミスも不遇な環境も、誰のせいでもないんですよ。そんな状況に埋没している、本人の生き方に責任があるのですから。

ぼくが五〇代になってからよく感じるのは、仕事から降りないだとか、心を折らないでいるだとかいうことのむずかしさです。ぼくの場合には、何人かの尊敬する友人たちがまだ勝負を続けているので、その人たちから「やつは降りたぞ」と言われたくなくてやっているところがあります。……って、これ、映画『トップガン』に影響を受けてのセリフですけどね。

五〇代にもなれば、普通は指揮や指導、プロデュースなどの管理のほうに専念する人もいるでしょう。数秒の誤差で料理が台なしにもなりかねない、スポーツマンのような体力と反射神経で少しでもいいものを作り続けるという、仕事の上でのほんとうのきつい勝負からは降りたという人がほとんどだから、「食っていくという以上の動機」が要るんですよ。

もちろん、戦わないでいられる「普通のおいしさ」はラクだろうなとは思います。でも、手を抜いたらダメになる。家族、常連さん、業者さん【＊4】、スタッフ、と店をよくしてくれた恩人たちが「もっとよくなる」と店に期待してくれているのだから、やるしかない。

でも、「楽しむこと」も大事にしていますよ。さっきも午前一時過ぎに、まかないで食べるうどんと玉子焼きを作りながら「自分のジャンル以外のことをやるのって楽しいじゃないですか。料理で戦わなくていいし。こうしてうどんを作っているのは楽しいよね」と言ってたでしょう？

そりゃ、そういう部分での遊びや工夫は大事ですよ。目の前の状況を楽しめなければ、グチだらけになりますからね。それに、いやなことって、おもしろいものにもなりうる。うちのスタッフはみんな自転車通勤だけど、この間の夏、仕事が終わった頃に大雨になったことがありました。

「これ、自転車じゃダメだろう。服もズブ濡れになるし……もう、パンツで帰れば？」

そう話したら、スタッフの男ふたりは、ほんとうにパンツとTシャツで帰ってった。午前四時半にね。「職務質問に遭わないようにな！」と見送りました。

大雨はいやなだけのものだったかと言えば、むしろあとで思い出してみたら「あれはあれで楽しかったよな」という話題にもなるわけです。大失敗も大騒動もたいていはそういう笑えるところがあって、仕事にはそういう楽しさもたくさんあるんですよ。

＊1――言葉

醱酵《はっこう》学者の小泉武夫氏（一九四三年生まれ）からは、二〇〇九年の四月二四日に、この箇所に関連する談話を聞いた。

「これまでの研究生活においては約七〇ヶ国に出かけてものを食べてきたけれど、もっとも魅力的だと思ったのはメコン川流域の魚ですね。二〇〇キロもの巨大淡水魚がいたり、ナマズにして九三キロものやつがいたりする。しかもそれを醱酵させて漬けものにしているような文化もある。おもしろいんです。メコン流域は米穀地帯だから糠《ぬか》はふんだんにある。それで魚の浮き袋だけの漬けものなんてのがある。ゼラチンとコラーゲンの塊でね、食べると口の中でコキンコキン言うの。おいしかったな。

そういうメコン流域の魚と醱酵食品の多様性が、私を学者として開眼させてくれました。メコン川ってチベットから中国の雲南省を通って流れてくるから、流域における高低差がものすごいでしょ。これが魚の多様性を生むわけです。しかもスコールが降れば動物性プランクトンが氾濫した支流からドッと入り込んでくる。それを魚が食べるからあれだけ巨大なものが育つんですよ。

冷蔵庫がなくて塩は高価だからと醱酵文化が発達した地域がメコンなので、醸造学科出身の私の専門にもぴったりでした。それ以来、私は食の冒険家になりましたね。あとはずっと世界各地をめぐり、舌を使って旅をしてきたようなものです。

私の書く文章はほかの人とは少しちがうので、小泉語なんて言われることもあるけど、これはほかの人とはちがう体験をしているためにそうなるんです。食について何か書く時にかなり気をつけているのは、味覚の表現から逃げないということ。たとえば、男女の心の動きについての読みものなら、たいていは誰にでも経験があるから、読んでいる人の経験に訴えてその気にさせればいいですよね。でも、メコン川を泳ぐ二〇〇キロの魚の漬けものを食べた日本人の読者はほとんどいないでしょう？　それでも、ほんとうにおいしいと伝えなきゃいけない。大事なのはここなんです。あまりにもおいしくて筆舌につくせません、とか、食べた人にしかわかりません、とかいうのは逃げなんですよ。だから、いかにリアルに五感を総動員してたとえばピュルピュル、チュルチュル、コキコキ、ムシャムシャ、コピリンコ、ゴクリンコなど具体的に表現をするのか、については工夫を続けてきましたね」

＊2——普遍的な食文化

二〇〇九年の一〇月二六日に、私はエッセイストの玉村豊男氏（一九四五年生まれ）に取材をし、この箇所に関係している話を聞いた。

「食についての文章、ワイン製造、農業、料理店、野菜の絵画、と食に関わる仕事をあれこれしてきました。旅に出て、よくいろいろなものを食べましたね。観光客があまり行かないようなところに出かけると、貧しく、毎日それしか食べるものはないという食事を、家に招き入れて食べさせてくれるなんてことがよくありました。彼らと同じものを食べ、こちらがおいしいよとニコッとすると、言葉は通じずともすごく喜んでくれるんですよね。あ、おいしいって言ったぞ、みたいにね。そういうやりとりに、食べものの持つ力を感じます。言葉は通じなくても、文化はちがっていても、食べることは生きようとする意志そのものなのだなと思うんです。貧乏旅行なんてしているとヘナヘナに疲れるじゃない？　でも、そこで何かを口に入れると急に元気になる。そんなことがあるとフランス料理ってよくできているなとも思います。ほんとうに腹が減った時にフランス料理を食べに行くと、前菜を食べたりスープを飲んだりしているうちに、生命を取り戻したような感覚が得られるんですよね。生きるってこれだよなぁと思う。食べることは生きることで、生きていることを喜ぶことで、食卓を囲んだ相手とおたがいに生きていることを喜び合うことなんだな、と、それがぼくが世界中を旅していていちばん感じたことなんです。結局、食べもの自体は何でもいいんですよね。食卓を囲んで一緒に飲み食いすること自体が楽しいことであり、共に生きることの象徴にもなっている。目の前の相手も食事もお酒も、歴史の一点で、たまたま、いまここで出会ったかけがえのないものなのですから」

＊3——才能がない

フランス料理やイタリア料理で使われる高級食材をおもに輸入してレストランに提供している「ノーザン・エクスプレス」の経営者である小田原文徳氏（一九四七年生まれ）からは、二〇〇九年九月一六日にこの箇所に関連している談話を聞かせていただいた。

「ぼくは大学に進学する時に函館から東京に出てきてコンピュータのシステムエンジニアになろうと勉強をしたけど、その方面では才能がないとわかってドロップアウトしてね。大学を卒業しても就職もせず、二年ぐらいは、かなりきびしい状況にいましたね。

そのうちにレストラン関連の仕事をやろうと方向を定めてからは、何年間かいくつかの店でサービスの仕事をやりました。ただ、そのあとに銀座のフランス料理店『レンガ屋』のサービスに入ると、それまでとはほんとうに別世界でした。

当時の『レンガ屋』は『ポール・ボキューズ』と提携をはじめた頃で、店の中にパワーが溢れていた。シェフはフランス人でボキューズさんもちょくちょく来る。窓際の席は外国人のお客さんで埋まっている。フランス語が飛び交う職場でもあり、ぼくが日仏学院に通って語学をやりはじめたのもこの時期でした。

食材に感動したのは店に入って一年後、ボキューズさんが『レンガ屋』でフランス料理のフェアを開いた時のことですね。ボキューズさんはエールフランスの協賛を得て、フランスの店で使うのと同じ食材を揃えていたんです。ブレス鶏、ジビエ、チーズ、チョコレート……いま思えば、一九七〇年代当時の日本におけるフランス料理の食材って、ほんとうにいいものが入ってきていたわけではなかったから、これはカルチャーショックでした。

もちろん、肉料理に関しては平のサービス係が味見をしていいものではないので食べる機会はなかったけれど、チーズやチョコレートを口にしてみたら驚きましたね。その時に食べたチョコレートって、いまでも大好物のリヨンの老舗『ベルナション』のものでした。すごく感激してフランスで働きたいと思うようになり、その四年後ぐらいにはフランスに行くことになりましたね。

フランスではまず二年ほどは小さな店から星つきの店までサービスの現場で働いていました。そこから一年半ぐらいは大学に付属しているフランス語学校に通って、その後はお金がなくなったので約七年、フランス料理の世界を離れて日本の商社のフランス支社に入り、通訳の仕事をしていたんです。

　商社時代は三食つきで現地手当てもあって、しかも税金を払わないでもよかったから、けっこうお金は貯まりましたね。でもやはり商社での自分の身分はあくまでフランス語要員ですから、いつまでも続けられる仕事でもないなとは思ってたんです。いつか日本でフランス料理店を開こうと思っていました。

　ただ、一九八〇年代の中頃に日本に帰ってまわりを見てみたら、日本におけるレストラン事情は自分がフランスに行った頃とはずいぶん変わっていました。その頃って日本人料理人が何百人と、それもたぶん四捨五入すると一〇〇〇人になるぐらいたくさんフランスに渡って仕事をしていた時代でしたからね、つまりどんどん戻ってきた料理人たちが、日本におけるフランス料理の中枢を担いはじめていたんです。

　新しい店だったらフランス帰りのオーナーシェフが活躍しはじめて、有名店でもホテルでも、帰国した『料理人』なら重要なポストに就けるけれど、という時期だった。とくに個人でやる店に関しては完全にオーナーシェフの時代が来たことは明確だったから、こりゃ、自分が店を開いても敵《かな》いっこないだろうなぁとわかっちゃった。

　じゃあ、何をやろうか。それで押し出されるようにしてはじめたのが、いまの食材輸入の仕事なんです。これならフランスで料理の世界で働いた経験も、商社で働いた経験も活きるだろう、と。そうしてほとんど偶然ではじめたのですが、三田の『コート・ドール』オーナーシェフの斉須政雄さんに、フランスの三ツ星店『ランブロワジー』オーナーシェフのベルナール・パコーさんを紹介していただいて、パコーさんが使っている、つまりフランス全土の有名店が使っている食材を最初から扱えたんです。

はじめてのお客さんも『コート・ドール』で、そこから紹介が紹介を呼んでというかたちで仕事を続けてこられたのは、『プロのための食材』ということに集中してやってきたからだと思います。商売が軌道に乗ったのは……とにかくプロのための新しい商品を開発したからなんじゃないのかな。やっぱり、フランスのあの店やこの店じゃないと食べられなかったものを日本でもというのが需要につながりますからね。

フランスにおける最高級のムール貝、あるいはイタリアのポルチーニ茸など、それまでコンスタントには輸入されてこなかった、あるいは輸入されていても高価だったものを、どうにかしていい品質の生産者と組んで日本に持ってくる。ここではいかにデリケートな管理を徹底させるかの勝負なんです。

フランス現地での加工や野菜の土落としから梱包方法に至るまで、よそとはちがうやり方をしていく。充分にこちらの意図を伝えなければ付加価値が出ない仕事ですね。そこではいちいち具体的にぼくが直に交渉や介入をするしかなかった。この介入というのは輸入の仕事にとってはほんとに大事で、たとえば検疫や通関の段階で何かあったら、その時点ですぐにぼくが直に介入しなければ、品物の到着が半日や一日もちがってしまうんですよ。少しでも鮮度をよくするためにはどの段階の問題に対してもすぐに現場に介入するということがもっとも大事なことなんです。さきほど言ったムール貝やポルチーニ茸ってかなり運搬がむずかしいから、梱包の方法にしても何十回も実験を重ねていまのノウハウに至っているんですよ。それで質の高いものをすばやく、しかも以前よりはリーズナブルに提供できるようになった。

こういう商品管理や運搬に関しては、とにかく『フランスにおいて言葉で方針をきちんと伝えること』が大事ですね。論理の面でも気迫の面でも負けない議論ができるようにならなければいけません。逆に言えばそこに至れば話は早くて、フランスやイタリアの生産者たちが持っている『匠の精神』みたいなもの、あるいは商取引におけるモラルの感覚は驚くほど日本人の職人の意識に近いので、言葉さえしっかりできればおもしろいコミュニケーションが開けていくんです。

すると、情報が情報を呼んでくれるようになる。世界中のいい食材の噂が、人脈とともに集まってくるようにもなる。あとは、何かあったらぼくが直に介入するということを繰り返すだけなんです」

＊4——業者さん

築地市場でマグロ専門の仲卸を手がける「樋長《ひちょう》」の飯田統規氏（一九四一年生まれ）からは、二〇〇八年の七月一八日に、この箇所に関連している談話を聞かせていただいた。

「江戸時代から、マグロの仲卸をしてきた家に生まれました。親父が六代目、私が七代目、息子が八代目ですね。会社には明治二二年に約一〇〇軒の仲卸の連名で刻んだ記念の銅板があるけれど、いま、当時の名前で継続している仲卸は一〇〇軒の中で三軒ぐらいになっています。それほど、家業であっても継続するのがたいへんな職種なんです。まぁ、こちらとしては先祖に恥のないようにやるしかないよ。

昭和一六年、私は築地に競り場が移転する前に魚河岸があった日本橋で生まれ、昭和二〇年には『東京は危険』と埼玉の与野に強制疎開させられました。当時四歳だったけれども、飛行機に見つからないよう夜は電球に風呂敷を被せて、庭の防空壕に避難したことは印象に残っていますね。戦時中は仲卸の制度は廃止されて魚は統制品目になりましたから、親父は仲卸を一時的に廃業して、与野で町の魚屋をやっていました。疎開前の親父は、その頃には市場で一〇人と履けなかったらしい長靴を着用していて、家では三人の使用人を抱える老舗のダンナだった。でも、戦争に翻弄されて苦労したんだろうなと思います。

親父は与野では仲卸時代の荷主さんたちから、『いいのが獲れたから』と送ってもらったものを売っていました。荷物は、時にはイルカや海亀のこともあったかな。それを切身で店頭に並べたり、余れば家族でフライにしたり。おいしかったよ。正確に言えば、食糧不足でつねに空腹なもんだから、魚は何でもおいしかったけれども。ごはんもサツマイモが八五パーセントぐらいで麦や白いごはんがちょっと混ざる程度だったもんね。両親と兄弟八人の食卓は、たいへんな状況の時には、両親は食べないで、子ども八人はコッペパンを一個ずつで、あとは砂糖をかけたぬるま湯なんてこともあったんです。

一クラスに約五五人、それで一学年に八クラスという小学校には、たいていクラスに一五人ぐらいは弁当を持ってこられないのがいて、昼には校庭に出て遊んでいたような時代でしたからね。

昭和二五年に仲卸制度が復活したら、親父は仲卸の権利を取って、築地の市場に埼玉から通うようになりました。私も小学三年生ぐらいから親父に連れられて築地に遊びにいくようになるけど、場内の配達員の車の運転は乱暴で危険でね。職人の目はギラギラしていた。喧嘩は日常茶飯事だったよなぁ。酒を飲んで暴れているやつもよくいたからね。こちらは小学生ながら『なんだ、これは！』と衝撃的だった。

で、当時は築地市場の真ん中に『築山』という小さな山があった。三メートルほどの松の木が生えてて、そこに登って周囲を見ては、すごいところだなぁ、怖いところだなぁと思いながら、市場の活気が大好きになりました。そのへんのおじさんにキワダマグロの内臓なんてもらってあぶって食べるのもおいしかったし、築地で親父の知り合いに『坊主、ほら、駄賃だ』と毎回ちょっとずつお小遣いをもらえることもうれしかったし、小学校五年生ぐらいになる頃には、おれの死に場所は築地だよなとまで思うようになった。

私は高校を出たら、すぐに小僧として親父の同業者のところに住み込みの修業に出ました。一店目で二年間、二店目で三年間ですね。当時の築地では、それぞれの店の息子はよそでいったん小僧をやるって風習がありましたからね。ただ、実は私は次男で、本来七代目になるはずではなかったの。兄貴が二六歳の頃に再生不良性貧血という当時不治の病で亡くなるまでは、親父に『食いぶちは自分で探せよ』と言い聞かされていましたから。

でもね、小僧の時代は、まぁひもじかったねぇ。早朝からの仕事はいいんです。そんなのつらくない。拭き掃除も掃き掃除も、月三日の休日というのも別にいいんです。ふたりいた兄弟子たちに『おれたちは用事がある』と言われたら休日返上で代わりに配達もやって、実質ほとんど休日がなかったけれど、こんなことも我慢はできた。だけど……ロクに人を人と思わないで、食事は小さい碗に一膳だけ、味噌汁はダンナの家族の飲み残した具のないもの、あとはキュウリの切れ端、という待遇が、とてもひもじかったの。

これは反面教師にしていますね。自分が人に働いてもらう時は、まず、ひもじい思いだけはさせまいと考えています。修業時代は、疲れるだの何だのはあるだろうけど、腹が一杯なら何とか我慢できるんだよね。だから、たいへんな仕事をさせるんなら一日四食や五食でいいじゃないか、と食事だけはたっぷり食べさせてあげるようにしています。

人にやられてイヤなことはしない。人にやられて感動したことをする。うちの商売を成長させてくれたのはこういう単純な方針だけですよ。実際、人を人と思わないそのお店はのちに潰れたからね。

いまは六七歳です。毎日、約一万歩は歩いて、毎月二回は三〇〇グラムのレアステーキを食べて、まぁ、元気ですよ。予定は毎日だいたい同じで、起きるのは午前二時四〇分ぐらいです。で、車に乗って出かけて、朝の三時半には会社の駐車場に着きます。もうすでに勤務中という若い衆たちに気を遣わせたらいけないので、そこでいったん近所のコーヒー屋に行って、四時二〇分に出社しますね。

そこから約一時間ほどは、当日の注文状況を把握しながら競り場に下見に行き、イメージトレーニングをしていきます。五時半からはじまる競りって、だいたい三秒や五秒で決まっちゃいますからね。絶対に買うもの、ヨソに譲ってもいいもの、をあらかじめ分けておく準備が要るんです。競りのあとは店で解体をして、六時からは顧客と勝負をする、となるわけで、すべてのプロセスがおもしろいんですよ」

「現地になじまなければ、文化の長所はわからない」

鮎田淳治／イタリア料理

東京・麻布十番でイタリア料理店「ラ・コメータ」のオーナーシェフを務める鮎田淳治氏（一九五一年生まれ）はイタリア料理になじみ、現地の文化を伝え続けている。取材日は、二〇〇八年一一月一八日と二〇〇九年七月一七日だった。

うちは父が銀行員で転勤ばかりしていましてね。昔は宅配便もないからそのたびに母は荷造りなどの引っ越しの手配に追われて、料理もできないほど忙しくしていた。それでぼくは小さい頃からいわゆる家庭料理を自分で作っていて料理好きになった。その延長線上で大学時代に料理学校に通っていたら楽しくてね。腕で道を切り開くこの世界に入りたくなったの。

でも、地方銀行の役員でいくつかの会社の経営に携わっていた父からは猛反対された。当時、兄は歯医者になると決まっていたけど、どうもぼくは父と同じ道を進むことを期待されていたみたいでね。でも、大学の頃に父が経営に参加していたタイのゴルフ場でアルバイトした経験を踏まえても、父の会社で働くことは想像もできなかったな。

はじめは中国料理をと思ったけど、その世界ではよほど気合いを入れて右利きに直さないと大成できないと言われてやめた。バターやクリームは体に合わなさそうだから、とフランス料理も敬遠した。そんな時に、雑誌で「今後の外食産業では新しいイタリア料理が成長する」と見かけて、よし、これだ、と。パッと見かけた雑誌で運命が決まったの。

それで、最初は料理学校のともだちに紹介してもらった、スイス系イタリア人の方が経営しているお店で働きはじめました。でも当時の料理人は何か「猛者《もさ》」みたいな人がなる職業だったせいか、店の人には「君のような環境で育った人は絶対に続かない」と断言された。栃木で二〇〇年続く庄屋の家系で実家の敷地が一万坪なんていう、ぼくみたいな家庭環境の人はあまりまわりにはいなかったから。

それに、父にも「一ヶ月で帰ってくるだろう」と言われた。すぐ挫折して父の会社に入ることを期待されてたの。要するに、誰もぼくに料理をしてほしくないんだよね……。すると、余計にやめられなくなった。

ドブ掃除、皿洗い、焼けたフライパンで手をヤケド、と、料理に辿り着くまでの下積みはけっこう時間がかかったけど、早朝から昼食抜きで夜中まで働いた経験はのちのち「あれに比べたらつらくない」と自信にはなってくれたかな。

その店は五店舗ほど展開していて休日はほかの店を手伝いましたね。そのうち機材も触らせてもらえるようになっていった。でもそこで出していた料理は本物ではなかったんです。

ある時、父が経営に携わっていた施設でシェフをしていらした方から、イタリアの現地で料理講師をされている人による講習会を薦められました。本物を見ておきなよ、と言われて。

講習料が高いので二〇代前半の参加者はぼくだけでした。周囲の受講者も、みんな一流ホテルのシェフばかりでね。そこで、ニョッキやラビオリといった当時日本では珍しかったパスタ、肉のロースト、と、まぁいまでは常識のようなイタリア現地における方法論を習ったんだけど、あまりにも当時のほかの店とちがっていた。しかも、おいしい。

講習は二日間だったんだけど、一日目の昼休みにはぼくはすでに通訳を介して、そのイタリア人講師に、どうすれば現地の料理学校に入学できるのかを訊ねていました。さっき料理人になる前に雑誌で読んだ「これからは新しいイタリア料理の時代になる」っていう話をしたじゃないですか。その記事と、講習での目の前の料理がガチッとはまった気がして、手応えを感じたんだね。

イタリア行きには職場も父も反対したけどなかなか情熱はさめなくて、語学学校に二ヶ月通うなど半年ほどの準備を経て結局は二四歳の頃にイタリアに渡り、その講師のいたローマの料理学校の「エナルク」を目指しました。そこから、現地に七年ほどいましたね。

まぁとにかく、ピザやナポリタンがイタリア料理であるという時期の日本から来たからすべてがカルチャーショックだった。それとはじめての異文化ですから困難と衝突ばかりでしたね。交渉はいちいちたいへんなんだけど、まずは主張しないと求めるものは絶対に手に入らないんだな、とわかった。

料理学校に入学することひとつでもそうでしたもん。もともと、国立の学校だから日本から来た外国人は要らないのね。普通に質問しても、語学学校に行けだの、いまはまだだの、ぼくのつたない交渉ではラチが明かなかった。そこで「現地にあったペルージャ外国人大学の最高レベルのクラスを卒業して、世界の何処でもイタリア語を教えられる」という資格を持っている、現地で知り合った日本人に頼み込んで交渉してもらいました。

それでようやく研修生にしてもらっても、使えない人材だったら三年間の正規の課程に進めないから、何とか食い込もうとするわけですね。入学してもかならず朝いちばんに調理場に入って下準備をして、鍵を預けてもらえるぐらいには「利用価値のあるやつ」になることにした。

教えてほしい技術に関しては、もう頼んで頼んで、とにかく情熱で拝み倒すようにして吸収させてもらいました。あのね、海外で放っといて身につけられたり、見せてもらえたりする技術なんてないの。こちらのやりたいことはすべて言葉にしなきゃわかってもらえない。

同時に、現地での時間の蓄積がなければわからないことも多いんだろうなとは思いました。

たとえば、いまじゃ笑い話だけど、一九七五年にイタリアに渡った直後というのは、エスプレッソの苦味が強烈で、毎回、気分が悪くなってたんです。蜂の巣や骨髄や内臓の料理もそうだった。

でも、うわ、まずいなって思ったって、とくにエスプレッソなんて飲みものはそれだけなんだから飲むことになるでしょ。すると人間って何でも慣れなんだなぁとだんだんわかってくるんですよね。努力も発見も要らなくて、ただ、時間が経つうちに、あ、おいしいんだなってわかる時が来るのよ。内臓料理などもすべてそうだった。

言葉もそうだね。結局、ある特定の文化の中に入ってなじむってすごいことですよ。逆に言えば、最初はいやいやでも自分のほうから異文化【＊1】に入り込まないと永遠になじめないと思う。その文化のよさって、現地になじまないとわからないの。

毎日、食べる。毎日、話をする。それが七年続くことのすごさはのちのち実感しました。料理をしていて「あの土地の○○さんの家で食べたのと同じにおいだ」と過去の経験が瞬時に取り出せるようにもなりましたから。もちろん、五感が研ぎ澄まされていないとそうならないけど、そのあとは「あの地域の味と色だから」とイタリア人ならかならずこうするという味の構成に自信が持てるようになった。

海外にいた時期、せめてこれぐらいは、と気をつけていたことは、節制や抑制かな。日本の学校や職場にいる時には、まわりの目があるからそんなにハメを外さないでしょ。でも、海外ではそれができてしまう。現地ではいくら安易な方向に流れても誰も何も言わない。外国人が自分勝手に生きて社会の底辺をうごめいてたって、現地の人はそれに関心を持たないから注意してくれないのですよね。そういう日本人は何人もいましたし。だから自分に甘くならないように、ということは大事にしたし、いまも大事だと思っています。

三年間の料理学校時代には、休日も長期休暇も先生に紹介してもらった別の店で働いた。就職して三年ほどホテルレストランで働いたあとには、慣れた職場に埋没しても仕方ないからと無給でも貴重な体験のできる最高級のホテルで働かせてもらった。そうしてぼくが勤勉に過ごしていたのは、転落しないように必死だからでもあったんだ。

最高級のホテルに働きにいく頃にはそれなりにおカネも貯まっていたし、無給の代わりに部屋とシャワーと食事は無料だったし、どのセクションも自由に関われる許可をもらえたから天国のようで、朝から夜中までほとんどのセクションを回っていました。でも、そうして次第にイタリアに生活の基盤ができてきた頃、父に「三年という約束がもう七年だ。帰ってこい」と言われて、しぶしぶ帰国したんですよ。

この「ラ・コメータ」を開いたのは一九八二年でした。国内にも本格的な店が数店あったとは言っても、まだまだほとんどのイタリアンはピザとナポリタンの世界で、コースの文化も定着していなかった。

でも、なぜすぐに自分の店を開いたかと言えば、父から「当然、自分の店を持ちなさい。イタリアに出かけるのがたいへんな時期に何年も現地にいたんだろう。その経験をほかの店のために使ってどうするんだ」と言われたからでした。それと、料理のイメージについてなら、イタリアで言われて忘れられないセリフがあった。

「おまえは日本人だろ？　おれはおまえを信じないぜ」

これは痛かったんですよ。

「おれは日本人に一所懸命イタリア料理を教えたことが何回もある。でも、おまえらは日本に帰ったら、かならずそれを日本料理に変えちまうだろう？」

この言葉が、とにかく現地と同じ料理を、というぼくの方針を作ったんだ。

あとから思えば、帰国後もいくつかの店でシェフを務めて、日本におけるイタリア料理店での共同作業のペースを固めて、自分の右腕になるような人材を見つけてからオーナーシェフになればラクだったのでしょう。

でも、当時、店の運営について何も知らなかったからこその長所もありました。従業員の中でほんとうのイタリア料理を知るのは自分だけで「こんなこともできないのか！」と怒っていたけれども、初期の従業員に時間をかけて仕事を伝えられたぶんだけ、いま、それぞれ自分の料理店を立派に維持している人材が巣立っていきましたからね。

ひさびさに話すと「店に泊まって、床に顔が映るまできれいに磨きました」なんて思い出話にもなる。苦楽ってまさに表裏一体だからこそ、経験は誰にとっても豊かなものになるんですよ。

【＊2】ぼくの場合、素人のままでイタリアに出かけたから料理の技術を修得するまでには七年間もかかりました。素人のままで出店したから、営業が軌道に乗るのには何年間もかかりました。

でも、こんなに時間をかけてしまったのだから、もうおれにはほかに何も道は残されていないよな、と肚を括れるなんていいところもあった。不況や苦戦は何回も経験しているから、リーマンショック以降の世界不況に関しても、とにかく耐えて続けていこうと思えるわけですね。

店の立地は、偶然、決まりました。当時はテレビ番組の特集が原因で、一時的にマンション販売の景気が悪くなっていた。マンションは配管を動かせないから不動産を持つなら土地も住居も自分のものにできるほうがいいだろう、なんて言われていてね。

そうした風潮のあおりを食らって売れにくい状況に陥ったマンション物件のひとつに、麻布十番のこの店の区画がありました。不動産屋としてはすぐにでも事業の支払金を準備しなければならない。こちらはすぐにでも料理店の営業をはじめなければならない。利害が一致して、非常に好条件で不動産を買うことができたんです。

賃貸というわけではないから借金はかなりになりまして、もう退けなくなりましたけれど、店を持てたことはうれしかったですね。開店当時の麻布十番というのは、現在のように地下鉄が数本も走って六本木ヒルズも間近でなんて状況ではないですから通行人もまばらの、かなりさびれた地域に見えました。

しかし、近隣には資産家がたくさんおられて「行ってやらなければ潰れるだろうからな」なんて新しいお客さまを紹介してくれたり、地元の常連の方々に救われて、時間はかかったけれども次第に営業も軌道に乗ったのかな。

当時はやはり、まだ、日本人にとって縁のなかった「イタリアのコース料理」を定着させることがとてもむずかしかったですね。ただし、一九八〇年代後半のバブル景気もあって店に人がたくさん来てもらえるようになったら、今度は食べている料理が数千円なのに五万円や六万円のワインがどんどん出ていったりして、これはこれでまた不安になりましたよ。

「もっと高いワインはないの？」

愛着よりも品質よりも値段が大事、みたいな雰囲気で、あちこちで高級食材の白トリュフなどが大量に消費されていましたから。

そういう八〇年代後半からのバブル経済、九〇年代後半からのＩＴバブルなどの好況、あるいは九〇年代前半のバブル崩壊や進行中のリーマンショック後の不況などを横で見ていると、イタリア料理というジャンルはほかの種類の店よりもとくに、直に流行や経済の影響を受けるものなんじゃないのかなと実感しました。

どうも、イタリア料理の客層というのは、ほかのジャンルの料理の客層と比べても回遊魚のような性質を持っているようなんです。テレビや雑誌が取りあげたとなれば同じ客層がサッとあちこちに動きはじめる。それが回遊魚に似ていると言うのかな。景気に左右されやすく、あぶく銭に連動している世界でもある。それが現実でした。

だから、イタリア料理店を継続させることを真剣に考えるのなら、営業が順調な時期こそ慎重に貯金をしなければならない。繁盛したからといって従業員を大量に雇用したり内装や機材に資金を投入したり、と万全の体制を敷いたとたんに流行の波が引く。急に不入りになって閉店の憂き目に遭う。そんな話はイタリア料理店の世界にはよくあることですからね。

一〇年や二〇年単位の長期的な視点に立てば、景気や常連の波の上下については、とにかく、かならず我慢と忍耐の時期を潜り抜けなければならない、とあらかじめ予測しておくことができるのですよね。

だから、目先の日銭をアテにしていたらいけません。毎日の営業で出てくる売り上げは、まぁ、他人から預かっている紙キレのように思って使わないでいなきゃ、ね。これは銀行の支店長を務めていた父親に教えてもらいましたけれど、日銭商売であるとか、自分の欲望を前面に出した資金運用であるとかでは事故が起きてしまうのです。

つまり、目の前にあるおカネを自分のものと思ってしまったら、どうしても大切な資金を使いすぎてしまうということですね。

とくに常連が一気に還暦を迎える時期の世代交代における店の不調は、好不況に限らず試練や苦労の多いものになるでしょう。客層の若返りはかなりむずかしいですから。常連は年齢を重ねれば体調や生活リズムの変化でどうしても外食が減りますよね。

客足は最初はジワジワ、そのうち突然ガクッと途絶えるものだけど、その現象って、店や料理の質を問わない。長期経営をしていれば、どのような店にも訪れる試練のようなものですよ。

まぁ、うちも「不況の時期でも繁盛していますよ」なんてタイプの店ではないから、ここで営業の特効薬を伝えることなんてできないけど、単純に店の維持や継続について言うならば「忍耐で名誉を守り抜く」とでも言うのかな。

経営がきびしいと食材や人材を節約なんて店ばかりですけど、長期的に見るなら、やはり、不況の時期は、むしろ食材や人材の素晴らしさこそがお客さまを引きつけるのではないのでしょうか。

　いま、うちは食材輸入【＊3】の商社もしているからわかるけれども、不況の時期はほんとうに店側には安い食材が売れるんですよね。でも、不況なのに外食に出かける側としては、居酒屋やトラットリアと同じような素材を重厚なレストランで食べさせられたら、常連になりたいって思わないでしょう？　そうなれば、むしろ好況になった時期に「あそこはひどい素材を使っていたから」とツケを払わされることになる……。

　つまり、店の評判や名誉って、長年の安定した継続によってようやく保たれるのですよね。だから、結局は、不況の時期も忍耐をしながら品質の高い食材を出さなければならない。そこでは勇気が必要なんです。

　オーナーシェフなら、名誉のためには忍耐を美徳と感じながら、まぁ自分はおにぎりを食べていればいいからな、ぐらいに思って不遇の時期を何とか通過しなければならないんじゃないでしょうか。

　あのですね、非常に現実的な話をするけど、料理人って、料理に魅力を感じて仕事をはじめたのは素晴らしいものの、結局はほかに何の事務作業もできないつぶしの利かない人間なんですよ。

毎日、密室にこもって汗をかきながら、ほかに何の専門知識もない、ただ、だからこそ、こんな世界なんていやだと思う時があっても、実はビジネス的にも技術の面でもかなり可能性の開いている料理の世界だけに深く邁進できる存在でもあるんだけどね。料理に生かされている、あるいは料理は人生であるというのは、料理人にとっては大義名分でも何でもなくて、もう、ほかに道は残されていないのだから、文字通り、料理に食わせてもらっているわけですよ。

だから、店の浮沈に拘わらず安定と継続を願って、節約をもとに不況の時期は好況で貯めた資金で継続していくってぐらいの覚悟が必要なんじゃないのかな。好況時の節約がなければ、うちも絶対にどこかで財政的に破綻していただろうと思いますからね。

たまに常連の方からも「シェフ、まだキッチンに立つんですか？」なんて言っていただきますが、イタリアでは「立つんですか？」も何もないんだと言わんばかりに、八〇歳のおじいさんのオーナーシェフも暑い厨房の中で立ってボロボロになるまで働いているわけでね。料理を作るっていうのはそれだけ続けられる仕事だと思っています。まぁ、パッションがなくなった時は、これはもう「やめ」になるでしょうけれども。そうならない限りはずっとやっていきたいとは思います。

頑張ってずっとやっている方々もそれぞれシンプルに継続されているのではないのかな。

うまいものを作ろうとか、店を守っていかなきゃどうしようもないとか、いろいろ動機はあるだろうけど、基本的には仕事は「好きだからやる」でいいんじゃないのかと思います。

若い料理人たちには、いつかオーナーになろうと思っているなら、やるからには責任感を持って頑張ってもらいたいんですよね。いまの若い人はよくも悪くもすぐに決着をつけたがる気質があるように思います。簡単に言えば、早く結果を出そうと頑張りはするけど、すぐに逃げてしまうところがある。

これから店をやろうという人は、やはり料理の世界の暗くてシビアな側面も知っておいたほうがいいんじゃないのかなと思ってあえて言うんですけど、あちこちの店の興亡を見ていて思うのは、料理の基本を充実させないことには、いくら途中で内装を変えたりメニューを変えたりテコ入れをしても、なかなか効果が出ないんです。

それでズルズル経営的に後退して、そろそろ店をやめようかなんて思って逃げ腰になる人もずいぶんいるよね。

でも、自分のしたことの責任もとらずにやめたいなんて発想になりかけたら、どうか、この仕事や自分の店をはじめようとした時に溢れていたエネルギーを思い出してもらいたいな、と思うんです。

もしも三〇〇〇万円の元手で店をはじめたのだとしたら、その店を閉店するためにはやっぱり三〇〇〇万円ぐらいかかるので、店をやめるにしても開くのと同じくらいの情熱や金銭が必要なんです。そのことはよく自覚しておかないと、自己破産するしかなくなります。

そういうふうにしてやめると、ほとんど一般社会のワクを出たアウトローとして生きていくしかなくなるかもしれない。たとえば開店に三〇〇〇万円かかった時点でも借金でたいへんだったのに、営業の赤字を累積したうえに諸費用が三〇〇〇万円かかるとなれば自己破産せざるをえない危険性は高くなります。

しかも、かつては裏社会の人に追われ続けるからかわいそうということで自己破産という救済の仕組みができたけれど、制度を逆手に取って自己破産すれば何とかなるなんて人がどんどん店を持つようになると、救済制度自体がなくなったりするんじゃないかと思うんです。

店を持つことに対しての緊張感と責任感が足らないまま、いいところだけ取ってあとは逃げてしまう。そういう人は若い頃から自分でドロをかぶる経験をしていないんじゃないか。あちこちの店を見た、技術を得たなんて当人は思っていても、基礎を重ねて、それぞれの店でどんな役割にしても結果を残したうえで次に移るというキャリアの重ね方はしていないんじゃないか。

うわっつらだけをつまみ食いして、仕事を蓄積せずに、いつでもゼロに近い立場からまた次の店に参加する。それじゃ、キャリアを重ねたことにはならないんです。いま、イタリア料理店に限らず料理店を経営するのはたいへんな時代でしょう。撤退しなければならない店もずいぶんあります。

しかし、これは時代の流れで仕方がないとは言えども、一〇年単位で考えるのだとしたら、そのうちまた好況の流れがくるのではないでしょうか。その時にいい食材を提供するためには、いまからきちんとしたものを出して準備をしておいたほうがいいと思う。

ぼくが食材輸入業にも力を入れているのは、地方も含めた、日本のイタリア料理の環境、つまり食材の質をよくしておきたいからでもあります。

ぼくが店をやる方針は、できるだけイタリアで食べられているものと同じ、本物のイタリア料理を提供すること、ですよね。食材輸入業はこの方針をそのまま活かして、ぼくが五〇歳の頃にはじめた事業なんです。

もともと、サラミ、ソーセージ、生ハム、チーズなど、日本とイタリアの間には歴然とした食材の質の差があって、たとえば塩タラならイタリアの名店はたいていアイスランドから輸入しているのに日本にはきていないな、なんて思うこともありました。

食材の差を知っていて、しかも塩タラの話で言えばぼくはアイスランド大使館の料理顧問もしていたわけです。店の近所にイタリア大使館があるためイタリアの外交官のみなさんからもよくしていただいていましたし。

それで雑談で「おまえはなぜ輸入をやらないんだ」なんて言っていただいてたんですね。いやぁ、コックだからなんてごまかしていたのですけど、自分でやりたいことだし、やれば確実に日本のイタリア料理の質の底あげにつながることはわかっていた。気にはなっていたんです。そのうち、五〇歳を過ぎたら店も安定するだろうしやってみようかな、と思うようになって。

まだ一〇年も経っていないビジネスですが、適正価格で本物の食材を、とやっていると、地方のレストランからの需要など、日本のイタリア料理店の裾野を広げられる可能性はまだずいぶん残されているな、と手応えを感じています。地方におけるイタリア料理のための食材流通は、現状はまだまだと言えるのではないでしょうか。たとえばぼくや東京の店が普通に使っているレベルのモッツァレラチーズを地方のレストランに業者としてお送りすると、こんなのはじめて食べましたなんて言っていただける。

でもね、東京から地方への運送なんて昔とちがって進歩していますよね。だから、ほんとうは東京にあるものならば物理的には地方にすぐに送れるはずなんです。にも拘わらず、実際に東京と同じレベルのものがかならずしも地方に届いているのではないという実情を、ぼくはいくつもの地方のレストランから話を聞いて知っているわけです。

つまり、地理的、物理的にできるのにそうなっていないということは、いま地方に食材を送っている業者の中には東京と地方に質の差をつけて送っているところもあるのかな。そこに、ぼくのできる仕事があると思っているんだけれども。

それに、料理の質の高さという点でも日本人がこれから求めている料理というビジネス面でも、未来はますます「いいものを少量いただく」という傾向にあるでしょう。

素材のよさを生かすのがイタリア料理ならば、たとえば七二ヶ月熟成チーズなんて、イタリア本国でもなかなか食べられない高級素材も輸入しているのはいいと思うし、こういうものは一店が五〇グラムも買ってもらえたらそれでいいと思っているんです。それでもその店の幅は広がるでしょ？　そうやってより豊かなイタリア料理を目指して、店と輸入との両方を頑張っているところなんですよね。

＊1——異文化

二〇〇八年の三月一二日、私はイタリア料理店「アクア パッツァ」の料理長である日高良実氏（一九五七年生まれ）に取材をし、この箇所に関係している話を聞かせていただいた。「大学を落ちたから料理でもやろうとか、当時現地修業を終えたフランス料理のカリスマが増えてきていたから、同じことを同じ道で追いかけては追いつかないだろうとイタリア料理をやろうとか、ぼくの方向転換の仕方は典型的な落ちこぼれの発想なんですけどね。でも、居場所ってそうして制約や限界に押し出されてはじめて見つかるものかもしれません。むしろ、最初におれはこれをやると決めつけていたら、偶然何かを見つけることもあんまりないし、自分の適性にも気がつけないのではないのかな。それに、ほんとうにやりたいことって、自分でもなかなかわからないものですし。

イタリア各地を回って地方の料理を体験するって、レシピを吸収するとかどうとかいうことじゃないんです。体全体で味わうと言うのかな。旅をしながら、現地で昔ながらのゴツゴツした野菜料理やアツアツの魚料理を食べるというのは、皿の上だけの体験ではないのです。電車で出かければ、それぞれの地方に着くまでには、太陽も山も海も景色もゆっくりと見えてくる。町の雑踏を耳や肌で感じ、市場を歩き、安いペンションに荷物を置いてからレストランに出かける。すると、料理もおいしいんだけど、町の空気や景色もおいしい。あ、自分が求めていたのは、やはり個性や技術を重視する料理ではなくて、そういう人や海や大地のおいしさなんだよなと思いながら旅をしてきました」

＊2——思い出

京王プラザホテルの名誉総料理長である緑川廣親氏（一九四〇年生まれ）からは、二〇〇九年の一月一五日に、この箇所に関連している談話を聞かせていただいた。

「食べものの記憶って、うまい、まずいだけではないでしょう？　小さい頃においしかったものがいまおいしいとも限らない。でもうまいと思えたことこそ記憶として重要で……。もっと言えば、うまいまずいと話をしているだけでは人間はダメになってしまいます。記憶って、うまいかどうかよりも、その時に叱られた、つらかった、うれしかった、などの心情に関わるものなのですから。

ぼくが小さい頃の食卓にはオカズがメザシだけの時もあった。子ども心に戦争の傷跡や親の経済状況を想像し、ありがたいなと食べるわけです。父が戦争で亡くなり、母は女手ひとつでぼくを育ててくれました。ネギを入れて最後にゴマ油を少し垂らし、当時は油脂が不足していたからそんな風に味噌汁を作っていたんです。皿にジャガイモが載せてあるだけの食事もありました。家計がたいへんと知りつつ不満な顔をしていたら母に『食べなくていい！』と皿ごと外に捨てられた。記憶ってそういう後ろめたさも含めてつながるものだから、おいしいものだけを語りたくはないんです。

働きはじめた頃の朝食は牛乳と上野広小路で有名だった卵パンでした。これを覚えているのは、母が働くぼくを気遣い牛乳を取ってくれてありがたかったから。しばらくして横浜の日ノ出町駅近くで下宿していた頃に食べた洋食屋さんのハンバーグを覚えているのも、仕事が充実していたから。四畳半の下宿で相部屋だった仲間と朝から晩まで仕事漬けで、休日もふたりでこれだと感じた店に行き、という思い出と重なるわけで。ヨーロッパのことで思い出すのはスイスで食べたパンなんです。ハチミツとバターを塗って、こんなにおいしい食べものがあるのかと思いました。このパンを覚えているのもうまさだけではないんです。当時はスイスの山の中にいて、夜に電気を消せばほんとうの暗闇になったんです。山を流れる川の音だけが聞こえ、空には星が瞬いている。真っ暗な部屋からひとりで空を見ると、単身で渡欧したから日本に置いてきた母のこと、あるいは、日本に帰っても勝算なんてないなと考えていてね。その時に食べたパンは、そういう自分の気持ちも含めて覚えているから懐かしいものなんですよ」

＊3——食材輸入

イタリア料理食材業者の稲垣陽一氏（一九四九年生まれ）からは、二〇〇九年二月一八日にこの箇所に関連する談話を聞かせていただいた。

「三〇代の前半に独立して現在の仕事をはじめました。もともと会社での出世にも興味がなく、働いていた製糖会社の業績が傾き、退職金を上乗せしますから希望退職をする人はいますかとなった時にあっさり手を挙げたんです。それで、自分には資格も技術もないから商売を、と。食についてはこの仕事に就いてから考えはじめたわけだけど、好きで選んだのでも、かと言ってきらいでもないと言うのか。そういう関わり方で働くのもいいんじゃないのかと思います。

よほど特殊な才能でもなければ、こちらから選択するというよりは与えられた環境の範囲で何はともあれやっていくということになるのだろうし、実際問題、そういう関わり方でもそれなりにやっていればかたちになっていくものじゃないでしょうかね。小さい頃からこれはという好きなものがあって、それを仕事にできている人なんてむしろ特別なのかもしれません。

だから、何か好きなものを持ちましょうと強要するような教育がなされているなら、大多数の天職というものが見つからない人たちには酷なことでしょう。しかし、ぼくも天職ではなくともこの商売を二〇年以上も続けてこられている。それに仕事に関して自分はちょっとはましになったと思えるようになったのって、味覚が身についたとかそんなことよりも、まずは仕事に対する考え方が固まってきたからなんだと感じています。生まれ持った味覚というのは誰にでもそこそこあって、それでも食材を扱う時に迷うのって、ほとんどは考え方がブレる時なんです。

扱う商品を決めるきっかけは、縁としか言いようがないですね。オリーブオイルは開業時にトスカーナに行ってたまたま近くの協同組合で試してみたらおいしかったというものをいまもずっと扱っているし、パスタもやはり食材を買いはじめた頃に現地で拠点にしていた事務所の下のバールで『どうぞ』とパスタ屋の方にいただいて、日本に帰って食べてみたらおいしかったというものをずっと扱っています。一切リサーチをしないし、偶然で続いている。それでいいんじゃないでしょうか。

比較をすればキリがないんだし、縁があっていいなと思えば大切にする。そういうことでもこの二十何年間かで扱うのをやめた商品ってほとんどありません。そもそもうちがワインを扱うようになったのも縁あってなんです。まだワインを輸入しようなどとは考えてもいなかった時期に、いちばん好きだったワインメーカーであるジャコモ・コンテルノの先代から、そんなにうちのワインが好きならあなたにお分けしますよと言っていただいて、それで日本に帰ってすぐにアルコールの輸入免許を取りました。

ワインの中には、こちらが耳を傾けないといっさい語りかけてくれないものがあると思います。こちらに受けとめる器がないとよさがわからない。また、ワインはまずその土地を感じさせるものですよね。飲むと、その土地の空気が流れるような体験ができることがあります。だから、たとえばわざわざフランスのボルドーのものに似せようとして地域性をなくしてしまう傾向が行きすぎると、いくらおいしくてもつまらないと思います。ジャコモ・コンテルノの先代も、自分はこの土地以上のものもこの土地以下のものも作るつもりはない、この土地以下のものにならないように努力している、と言っていました。これはいまでも耳に残っています。

また、わからないことは保留にしておく。これも仕事で気をつけていることです。たとえば、フランコ・コロンバーニというイタリアソムリエ協会を作ったレストランのオーナーですが、一九六四年のバルトロ・マスカレッロのバローロを薦めていただいた時、店内ではほかのお客さんから注目されるような偉大なワインなのに、はっきり言ってぼくにはよくはわからなかったんです。

だから、飲んだあとにどうですかと言われた時には、おいしいけれどもあなたが薦めてくれたその気持ちほどはわからないと言いました。するとフランコは、ただ、このワインは今後のあなたにとってスケールになるでしょう、と言っていました。実際に時が経ってみてほんとうにそうなったと思います。ヘンに浅いまま消化してしまうよりも、保留にしておいてことあるごとに何度も思いかえすたびに深まる、そういうことが大切だと思います」

「海外で学ぶ間、日本に手紙を送ることも重要だった」

佐竹弘／イタリア料理

二〇〇九年の一二月まで東京・南青山でイタリア料理店「カ・アンジェリ」の料理長を務め、現在は東京・東神田でイタリア料理店「レーネア」の料理長を務めている佐竹弘氏（一九五四年生まれ）に話を聞いたのは、二〇〇九年の二月一二日だった。

料理人になるきっかけは、高校三年生の夏頃に出かけたひとり旅かな。それまでは、受験をして大学に入り、流体力学という学問をやって造船会社で船でも造りたいなと思っていました。

でも、夏休みに息抜きとして出かけた夜行列車の旅で、たまたま同じボックス席に乗り合わせた、二七歳と言っていた男の人から「会社で船を造ると言っても君がやれるのは大きい船の中ではビス一本分の仕事だろう」と言われたんです。

四人掛けのこのボックス席にはほかにふたりの短大生がいました。「徳島から東京に出てきたけど、あっと言う間にもうすぐ卒業だから、記念に東北を旅行するんだ」と言っていた。大学は短大よりは二年多いけど、あぁ、そういうものかと思ったんです。

　とにかく、造船に携わったとしてもビス一本という言葉はけっこう効いた。「確かにそうだよな。でも、おれは成功するにしても失敗するにしても、自分の手の届く範囲で何かをしたい」なんて思いながら、猪苗代の駅で降りて山の中に行ったんです。

　そこの川で釣りをしてテントで眠るなんてことをやっていたら、急にとんでもない雨が降ってきた。けっこう標高があったせいか、雷が横に走っているの。「うわ、おれ、雷の中にいる。やばいぞ」と金属類を全部捨てて、真夜中に下山した。

　そういう時は余計なことなんて考えられなくて、もう「死にたくない」って気持ちだけだったなぁ。山の小学校に辿り着いて雨宿りをする。体はビショビショになっていて寒くて仕方がないから、持ってきていた固形燃料を焚いて暖を取りました。そこでひとりでいたら、何か「大学に行ったら後悔する」と思ったの。

　それで、自分が世の中で釣りの次に好きな「食べること」を仕事にしよう、と。もともと、小さい頃から自分の写っている写真っていつも両手に食べものを持っているような姿ばかりでしたからね。高校の時にも、ぼくは「蟹を食べるために北陸旅行」「長崎でちゃんぽん、鹿児島でかき氷の『白くま』を食べるために九州旅行」なんてのをするほど食べることは好きでした。

釣りが好きなら釣具店の店主もいいと思うかもしれないけど、それだと人が釣りに行くのを見ているだけでしょう？　でも、料理に関しては食べるだけではなく作ることも好きだったんです。

ただ、それで大学進学をやめると言ったら、家族や担任の先生からは猛反対をされました。ぼくの通っていた高校は県でトップではなかったけれども毎年東大に何人も入る進学校で、同じ学年で就職をするのは、ぼく以外には「弟や妹を学校に入れるために」と経済的な理由のある人がふたりいただけでした。

だから周囲には不思議がられたんです。それでもぼくは高校を出たら父親の勤めている会社関係の洋食屋に入りました。四万円の給料のうち毎月三万円を貯めて将来の海外修業に備えていたら、四年後には利息も入れて一五〇万円近く貯まりましたね。

下働きは当然しなきゃダメだとは思っていたけど、その下働きの期間を最短にするためにはじめからかなり働きました。始発の電車で出かけて終電で帰って休日は返上し、高校時代の人間関係も絶ち、仕事に集中していたんです。

洋食屋の次には、フランス料理とイタリアン・パブを両方やる店に行きました。すると、イタリア料理のほうがどうも自分の中にスッと入ってくるんですね。

ヨーロッパを一〇年間回ったその店のシェフに、名料理人エスコフィエが「フランス料理のベースの五〇パーセントはイタリア料理、二五パーセントはロシアの煮込み料理や様式など、二五パーセントはスカンジナビアのオードブル」と言っていると聞き、ならばイタリア料理に転向しようかな、と。

だから、フランス留学のためにずっと貯めていたおカネをそのままイタリア行きの資金にして語学を学びはじめました。イタリア語の参考書を書いている人からマンツーマンで教わって。この語学の先生は、当時、原宿で伝統的なイタリア料理を出すお店を経営していらした堀川春子さんに紹介してもらいました。長いイタリア経験をお持ちの堀川さんには、イタリア現地で料理を学ぶための情報をいろいろと教えていただきましたね。それから二三歳でイタリアに行くまでは、あちこちのイタリア料理店で小僧として働いていました。

イタリアには、二年間ほど行っていました。まずは堀川さんに教えてもらったペルージャ大学に入り、現地で会った日本人に一緒に探してもらった三食まかないつきの下宿で暮らしはじめました。下宿のおばさんはぼくが料理人だと知ると、午前の授業が終わった昼頃に市場にぼくを連れて行って食材の買い方を教えてくれてね。

その下宿で、普通のイタリア人が食べる料理を毎日食べられたのは大きかった。この頃、あ、日本に帰ったらもう誰かの下では働けないなと思ったのも、ここで普通の料理に触れた体験があったから。日本でイタリアの家庭料理を出す店って、上司にシェフがいたらできないでしょう。でも、現地で毎日食べられているものこそを作りたくなったんです。

ペルージャ大学の次には、スイスとの国境に近いストレーザというところにある「エ・マッジャ」というホテル調理学校に行き、一年間通って卒業しました。このホテル学校に入るためには、七回や八回は夜行列車に乗って交渉しに行ったっけ。

卒業前に、食材やレシピをタイプライターですべて書いて提出したこともよく覚えている。この学校を卒業する時、校長からは「私が裏書をすれば、ロンドンならサヴォイ、パリならリッツ、どこでも行けるけど」と言ってもらったけど、「ホテルの世界に入ったら、日本でもホテルマンになるだろうから」と辞退して、北部を中心にあちこちのホテルレストランやトラットリアで働くことにしました。

もう、日本に帰る時期も迫っていて、時間もなかったですからね。時間がなかったというのは、その頃にぼくはもう結婚していて、妻と子どもを日本に置いてきていたんですよ。だから、「モデナにアチェートバルサミコの料理がある」と聞いたらそこ、「トリノでしか食べられない白トリュフ料理がある」と聞いたらそこ、と必死に食べたり習ったりしていました。そのために、まともにお金をもらって働いたのは二ヶ所でしたね。あとは、タダ働きでも学ぶところがあればいいと思っていて。

それで帰国したら、帰国した日の夜に先輩から電話がかかってきて「明日、銀座に来い」と。行くと「実はこの人が赤坂で店をやりたいそうで」と最初にシェフになる「チャオ」という店のオーナーを紹介してくれました。

なぜ、帰国してすぐにそういう連絡が来たのかと言うと……これはいまの若い人も参考にしてほしいんだけど、ぼくは渡航する前にお世話になった方々に「行きます」と挨拶もしていたし、イタリアにいる二年の間も、手紙で先輩や同業者に自分が何をしているかという報告を出し続けていたんです。

「いま、こういうところでこうやって働いています」「次は、こういうところに行くつもりです」「イタリアでは、こういうものが流行っています」と、日本にいたら現地の情報も知りたいだろうからそれも書いて。

返事が来ることはなかったけど「いつ帰ります」とも書いていた。そうしたら帰国してすぐに連絡をいただいたんです。そういう手紙は、いまの時代にも必要なんじゃないのかなとは思う。先輩や同業者にしてみれば、ただ海外に行っているらしいってだけだと、その人がどんな仕事をしていて何を目指しているのかはわからないでしょう？

目的が途中で変わったにせよ、発見や技術の向上があったにせよ、まずは伝えておかなければ。相手の中に自分についての情報がなければ、帰国後、ひさしぶりに「行ってきたんです」ってだけじゃ、誰かに紹介してもらうなり何なりという動きは出にくいし、出たとしてもすごく遅くなる。

それに、人と人とのつながりという面でも「なるほど、あいつは向こうで頑張っていて、いま、こういうことをやってるのか」という手紙のやりとりは、人間関係を深めてくれますから。二五歳で「チャオ」のシェフになってからは、現地直伝の家庭料理を出したものだから「毎日食べてもおいしい」と繁盛しました。給料は二年後には二倍になった。

でも、その頃のイタリア料理の料理人というのはまだ低く見られていました。簡単に言うと、息子の授業参観の時に「あ、佐竹くんのお父さん……スパゲティ屋の店長ですよね？」みたいに言われることに我慢できなかったって側面もある。その一方で、フランス料理にはブームが来ていて、シェフたちはスターのようでした。テレビを見ていても、お客さんのほうがむしろシェフにていねいに感謝の気持ちを伝えている。

あれ、何がちがうんだろう。何でイタリア料理は低く見られているんだろう。……そう考えてわかったのは、当時の日本におけるイタリア料理には文化がなかったということでした。一〇〇〇円もらって一〇〇〇円のものを出す。テーブルにはビニールが張られてベタベタしている。これは文化ではないでしょう？　付加価値をつけなければ、そして皿に文化を載せて提供しなければ、と考えるようになっていきました。

その時期に、店のお客さんでもあった、のちの「ギーノ」のオーナーに「ほんとうにいい店を作りたい」と相談され、一九八一年に六本木で開店したんです。

「ギーノ」は漆喰《しっくい》の壁にマン＝レイのリトグラフを掛ける。ガレのガラスの器を置く。ナイフやフォークは銀器。当時のイタリア料理店の中ではかなりいい内装だった。それで「皿に文化を」とお題目を掲げたのはいいけれども、実際は、三年ぐらいは手法を探しているだけだったなぁ。

理念だけが先行していてつらかった。名前だけは売れて、物見遊山のお客さんは来るけど、ガッカリして帰っていくわけ。居心地が悪かったなぁ。振り返れば、値段以上の価値をつけようとして、料理をやっつけようとしていたとでも言うのかな。それがよくなかった。

工夫していても小賢しくてね。二色のソースをかけました、なんて出してもお客さんはソースをハネて食べちゃう。「焼くだけでいいから」なんて言われて見透かされているなと思いましたし。でも、そういうきびしい目線に育ててもらいました。

やりたいと思っていたこととやれることが一致してくると、お店の名前はひとり歩きしていきました。皿の上に文化を載せるとは言っても、ぼくは「毎日でも食べられるものを」「ひとつの鍋で作れるものを」などとイタリアの家庭料理における基本的な文脈に沿って料理を作っていたのでなかなか実現できなかった。焼き方、塩の振り方、と基本的な手法を工夫することにより、やりたい料理に辿り着くことができたんですね。

そのうち、ハリウッド俳優が向こうで仲間に「東京では『ヂーノ』がうまい」と言ってくれるようになり、グレゴリー・ペックまで来てくれた。店も儲かった。皿に文化を載せることも、どうやらできたみたいだ、となった。でも、何でぼくが一七年間もシェフをやっていたその「ヂーノ」をやめたのかと言うと……不安【＊1】になったからなんです。

二七歳で店をはじめて、最初はガムシャラでよかった。でも、店の評判が高いところで安定した三五歳ぐらいからは、つねに「何か変だ」と思っていたんですよね。空しくもなってきた。

商売は順調でした。事業は拡張しようという話になっていた。「もしも支店を出したら給料は倍だよ」とも言われていた。でも、それって何だろうと思ったの。家もクルマもそんなにたくさんあったって仕方がないじゃないか。もっと、自分の大きさに合った商売をできないものだろうか。そんなふうに悩み【＊2】はじめたの。

三五歳くらいから、「カ・アンジェリ」を開く四四歳まで、ずっと、自分のしていることは変だと悩み続けていました。ボランティアをして、サービスとは何だろうと考えてみたりもした。で、ある時に、自分の不安の原因がわかったの。ぼくは、仕事で義務を果たしていなかったんですよ。

自然活動家の畑正憲さんに、直に話をうかがったことがあったんです。畑さんは「ギーノ」にお客さんとして来てくださいました。ぼくはもともとアウトドアが好きで畑さんの本を読んでいて、とくに「人は自然を簡単には破壊できない」という畑さんの考えに共感していた。

ただ、もちろん、はじめていらした時に質問なんて失礼でしょ。だから、二回目に来ていただいた時に「急に、でたいへん失礼なのですが……」と切り出しました。「私はアウトドアが好きなのですが、自然は近づきすぎると危険が多いものです。でも、離れていてはおもしろくない。その線引きってどこにあるのでしょうか」と。

これは実は、ぼくの仕事上の悩みを反映した質問だったんです。畑さんからはなぜそのように聞くのかを問われました。そこで「山に行くと、自然にある花を採ってもいいのかで迷うから」と言うと……畑さんは「それは、日々の義務を果たしていないからでしょう」とおっしゃった。

これ、禅問答みたいに聞こえるかもしれませんが、真剣に質問をした自分には、それがしみました。地方で自活でもしていなければ、人間って自然に対してはほとんどノーリスクで暮らしていますよね。自然への義務を果たしていなければ、自然に対して自分の思うように振る舞うことが後ろめたくなる。つまり、花を採っていいかどうかで迷ってしまうことになる。

それこそ、当時の自分が仕事に対して感じていた不安そのものだったように思えたんです。つまり、自分は自然や社会の中で義務を果たしていない。仕事が機能していないことが問題だったんだ、とわかった。

そうなるともう、心の中では「店をやめるしかない」となる。でも「社会や自然の中で義務を果たす」と言っても、次に何をすればいいのかはわからなかった。だから「ヂーノ」での最後の何年かはそこを考えてばかりで、いつも堂々めぐりに陥っていましたね。

正直に言うと、ずっと次のための構想を練っていたから料理に身が入っていなかった。しかも、いまの店にも来てくれている数十年来の常連の方々には恥ずかしながらそれがバレていた。あとで「そんな料理を食わされて」と笑ってくださったんですけどね。

このへんは、「ヂーノ」で結果を出していたからこそ、料理や利益や継続などという観点以外の「社会的役割」を意識するようになったのかもしれない。有名になって繁盛したら仕事の構造そのものに悩みはじめたのですから。でも、誤解してほしくないんだけど、やっぱり若いうちはたぶん、有名になりたいとか売れたいとか、そうやってシンプルに突っ走ればいいんじゃないかな。若いのに、結果も出ていないのに社会的役割とかで悩んでみても、そこにはウソが混ざりやすいですから。

生存競争で必死という時には、その次の段階の壁のことなんてわかりようがない。それに、いわゆる「有名料理人」って批判されやすいけど、そもそも批判されていること自体、単純で強い印象を与えられている証拠ってところもある。ある意味では羨ましがられていて、普通の同業者ではやれないことをやれているのかもしれない。

有名な料理人というのは、一般の人にとってわかりやすい存在として料理業界への興味を引きつけているありがたい存在でもある。普通、料理人なら、テレビの共演者においしいなんて騒がれても「あなたに料理の何がわかるの」なんて思いがちです。でも、そこで「そうでしょう？」なんて言えるのは、やっぱり情熱やサービス精神やホスピタリティが溢れているからで、それ自体は親切でいいことなんですよ。

ディテールとの両立がむずかしいところはあるだろうけど、有名だから、あるいは売れているからできることだって確実にある。ぼく自身にはテレビの才能はないけど、料理界を宣伝してくれているという意味では、有名な料理人たちには感謝をしなければとは思っているんです。

無名というのも素晴らしいとは思いますよ。ぼくの何倍も努力して、お客さんのために仕事をしている人が世間に露出しないで、本人もそれで完全に満足しているなら、それは羨ましい。小僧の時に「おいしい」と言われたひとことでいまだにやれているという人がいたらすごいなぁとも思う。それはほんとうです。

　でも、長く料理に携わっていると、どうしてもそれだけではやっていけなくなることもあるんじゃないでしょうか。ぼくの場合は、もう、おいしいという言葉だけでは「よし、明日も仕事をやろう」という気にはなりません。

　なぜかと言うと、ある程度のおカネをいただいてやっているんだから、おいしいって当然のことなんです。でも、当然すぎてつまらないことってあるのね。むしろ「安いのにほんとうにおいしい」みたいに「得したな」と思わせなければ、新鮮な驚きが出てこない閉塞感があるわけです。

　まぁ、何十年もそれなりに毎日全力をつくしていれば、「おいしいのは当たり前」ってところには来る。限られた事情の中で、いちばんおいしくしようとして料理ができていくんですから。そこで、ぼくの場合は、じゃあ何で社会の役に立っているのかがハッキリしないと、仕事をやろうというモチベーションにはつながりにくいんですよ。

　ただ、そうやって社会に貢献をするとか自然のために役に立つとか、あれこれ考えすぎて「そんなこと、できるわけがないよな」と思っていた頃、知人に言われました。「……ゴチャゴチャ言ってないで、やれることからやったら？」と。これがシンプルだけど効いたし、背中を押してくれたんです。では、具体的に、社会や自然に対して自分がやれることって何か。

自分なりには、まずは自然に対して毒を撒きたくないから無農薬野菜を使うこと。それから、綺麗な水を使いたいからには汚い水は出さないこと。あとは、いわゆるB級品のムラのある野菜を使うこと。その上で「このメッセージがひとことで伝わるのは野菜だから、それを前に出そう」とは考えました。もちろんコンセプトは野菜だけではないんですが、対外的にある程度の標語を立て、時代の流行に呼応するかたちで、自分の目的に近いメッセージを料理に出さなければ、たくさんの人には伝わりません。「ヂーノ」では魚料理、「カ・アンジェリ」では野菜と言っているのは、そういうぼくなりのセオリーに沿ったものなんですね。

ぼくが「カ・アンジェリ」をはじめることで、野菜の店というわかりやすいコンセプトを前に出しながら社会に奉仕するという、新しいかたちの仕事を作ってみたかったんですよね。わかりやすい標語でもなければ、こんな店に出資なんてしてもらえません。自分に正直になり、社会のためになる店を考えているのならば、しかも自己資本でやらないのならば、わかりやすく提案をしなきゃいけない。

もしかしたら、儲けは出ないかもしれない。でも、おカネの尺度ではない価値はいくらでも生まれて、社会に奉仕できるという意味の儲けならある。正直にそう伝え、出資者を募りました。これって一億円出したら二億円になるなんて話ではないからややこしいけど、たとえば素晴らしい社員食堂があるおかげで社員の意欲や生活の質があがればその食堂は儲からなくても価値があるでしょ。そういうお金以外の価値や利益って、必要だと思うんです。

ただ、そう伝えると、「ヂーノ」のように儲かる店を求める企業はすぐに去っていきました。でもそれでいい。売り上げ至上主義の結果、他店から搾取することになるのなら、それは悪とさえ思っていたから。隣の店を潰すほど儲ける、そういうのではない共存もしたかったし。

やっぱり狙いが複雑だから、出資してくれる人はたくさんはいなかった。こういう「お金が儲かるだけではない店」を提案するのは、企業の目的は儲けることであるというのがほとんどになっている時代の中ではむずかしいんですね。

儲かるだけではない店をやるとは言っても、従業員はタダ働きでいいってわけじゃないので覚悟が要るんです。うちはむしろ、確定拠出年金なども含めて福利厚生はかなり手厚くしています。そのうえでの「儲からないかも」という店だから、たいへんになるのはわかるでしょう？　結局は、社会に富を還元する活動をされている企業に出資していただくことになりました。

もちろん、出店してかなり経ったいまでも、問題は山のようにあります。だって、売り上げ至上主義でなくなるって、むしろガムシャラにやれなくなる方針なんですから。でも、ぼくとしてはこれはやるべき仕事だと思うし、単純に「儲けたい」というだけではやっていけなくなったあとに、自分なりに選択したものなんですよ。

だから、みんながこの店のようにやればいいとは思わないけど、同じように悩んでいる人には参考になるかもしれません。ボランティアに近いような「やらせてもらう」という自発的な姿勢が、サービスとは何かということに対してのぼくなりの回答なんです。

それから、いま、ぼくは何百万人もの人が口にしている食製品の開発に携わっていますが、そこでは名前も出していないし報酬ももらっていません。

そこは日本の食文化をよくするためにやっているだけだから。いま、六本木時代の儲ければ儲けるほど不安になったという感覚はありません。サービスって、奉仕という点ではボランティアに通じるものでしょう。ボランティアって、やってみてわかったんですけど「お願いですからやらせてください」と心から思ってやることなんですよ。

ぼくは、いつか仕事をやめる頃には、高校生の頃に「料理をやりたい」と思った初心に戻りたいと感じています。サラリーマンじゃダメだ、料理をやりたいんだと思った動機は「儲けたい」ではなかったですから。

とにかく、自分でおいしい料理を作れるようになりたいという、それだけだったわけでしょ。でも、だんだん、仕事で儲かったり知名度が上がったりしてくると、生活が懸かっているからそれでいいのだろうけれど、仕事って、やっぱりはじめの純粋で単純な動機だけじゃないものが混ざってくる。

あんまりそういうのばかりで忙しくしていて疲れていたら、やめる時に「あぁ、やっと終わった。せいせいした」と言っちゃいそうで、それは嫌なんです。「しんどかった」じゃなくて、そこで「あぁ、いい仕事をさせてもらったな」と感じた高校生の頃の初心に戻れたら最高じゃないですか。

それからあとは、野山に出かけて魚を釣って、農家の方に野菜を分けてもらって、すべて採れたてのもので料理を作るなんて贅沢をしてもいい。「もう、原価が高すぎて計算するのも嫌だからタダで食べて」なんてまわりに分けたりしてね。

実は、引退の時にそんなふうに悔いなく思うためにも、四〇代や五〇代って時間がなくなるものなんじゃないかな、と考えています。つまり、自分は仕事をすることによって、ほんとうに他人を幸福にしているのか、周囲に迷惑をかけないで他人と共存できているのかなんてことに向き合わなければならなくなる。

若い頃には先輩やボスや組織に頼って甘えて見ないでいられた現実って、真面目に向き合うほど問題は大きくなりますよ。たとえば、野菜や飼料が高騰しているこの時代に業者さんを買い叩かないなんて、ぼくは当然だと思っているんですけど、それをしながら、しかも売り上げも出すなんてほんとうにきついんだから。他人を踏み台にしないで、他人も自分も幸福にするって、なかなかむずかしいことなんです。

ただ、たぶん、いまのぼくが思ってる「社会的役割」って、若い料理人が現時点でキモに銘じてても意味がないいんじゃないのかなとは思います。若い人は、したり顔でそんなことを考えるぐらいなら、もっとおいしいものを作ったほうがいいのかもね。

だから、若い人なら、ぼくの話に対しては「イタリアで刺激を受けた、それはわかります」「日本に帰ってほんとうのイタリア料理をやりたいと思った、それはそうでしょう」「その後店で儲かった、あぁ、おれも儲けてぇなぁ」そんな感想でいいんですよ。

まずは自分で精一杯、やるだけやって、それであるところまで来たら「……あ、おれって自分の力でやっていたつもりだったけれど、仕事ってやらせてもらっていたんだな」と思える時がきっとくる。そう思えないうちは全力で走っていればいいんです。

そういう意味では、料理人ってマラソンランナーに似ているのかもしれません。マラソンの選手なら、本番までの準備に全力を尽くすのに精一杯で、本番中だとちょっとでも速くということに精一杯なはずです。その全力の走りの中で、どうしたって実力差は歴然としてくる。

絶対に勝てないやつがいるということは、時間と労力をかける中でハッキリとわかってくる。それは自然に選別されていくんです。でもね、走る前から「参加するだけで素晴らしい」なんて思ってちゃ駄目でしょう？　全力で準備して全力で走らなければ、自分の位置も実力もわからない。

結果を出すことよりも、走っている途中の風景が素晴らしいなんて、練習や本番で手を抜いたやつは言っちゃいけないんです。だから、あとで必死にやった仕事の意味をわかるためにも、若い時にやれることは「悔いのないように精一杯」しかないと思う。

自分の店を持つことについては……うんとシビアなことを言いますよ。まず、無理かもしれないと何百回も疑うべきでしょう。ぼくも四四歳で「カ・アンジェリ」を開店するまでには何百回も自問自答を繰り返しました。やるべきは社会的な役割を担う店、と考えはじめると、構想は「……えーっと、そもそも地球人としては」なんて壮大になりすぎて「無理だろう」といつもガッカリしていた。

でも、自分にウソをつかなければ、絶対に何回でも「無理だ」と思うものなんじゃないのかな。ぼくが何でこんなに後ろ向きなことを言うのかと聞かれたら、やっぱり店の経営がうまくいっているところはごく稀だからなんです。成功って、むしろ料理店においては例外なんですよ。

しかも、自分の目的を曲げず、思い通りに店をやれるというのは万にひとつと言うか、ほとんどない。そういう現実は周囲で痛いほど見てきました。自分で店をやることの最大のメリットは間違いなく「自分の好きにやれること」なのに、現実的な制約の中で背に腹を代えられなくなってやれなくなっちゃうことばかりなんです。

　従業員に恵まれないからこうするとか、ああしないと高いワインが売れないからなんて理由で理想が現実に潰されてしまうことなら山ほどある。しかもいまはかなりの不況だし、時代が変化していくスピードもすごいでしょ。昔だったら一〇年やってもまだまだ「ハナタレ」で、そこからかたちを作っていくなんて料理店も許されていたけど、もう社会も経済も余裕がないから、それではほとんど潰れてしまうわけです。だから、三〇歳で独立をしたとしても、年金をもらえる六五歳ぐらいまで店を持たせることがいかにむずかしいかってことは、よくよく考えたほうがいいんじゃないのかな。

　つまり、考え方を変えて店を捉えてもいいと思うんです。もしも、自分の店にこだわらなければ、やれることってけっこうたくさんありますからね。素晴らしいイタリア料理店で腕を磨いたあと、その腕を元にしてアドバイスをして、社員食堂やパーキングエリアの食堂でおいしいスパゲティを出したっていいじゃない。それでも世の中をよくできる。

　食文化がまだ届いてはいないけれども求められている。そういう隙間に食文化を浸透させたら、たとえばイタリアからともだちが遊びに来た時にだって、パーキングエリアで恥ずかしがらないでスパゲティを一緒に食べられるようになるでしょ。自分の店に拘《こだわ》らなければ、そういう「求められているのに満たされていない場所」で人の役に立つ仕事を、長く続けられるんです。

もちろん、いまのいくつかの例は、現実的には実績をあげたりおカネを稼いだりしてからの話にはなるんです。充分に実力をつけて還暦を過ぎて年金をもらうようになって、そのあとで趣味のように日本の食文化を改善する役割を担う、というようにしか、まだ実現できないことなのかもしれない。

ただ、大事なのはそうやって別の視点からも自分の仕事を見つめることでしょう。それで焦らないで柔軟に仕事を捉えていたら、もしかしたら四〇代や五〇代という、これまでなら自分の店を持つには遅いと言われていたような時期にも自然に運や縁が来て、自分の店で、しかもやりたいことを逸らさないで仕事をできるチャンスがもらえるかもしれない。そういう仕事観も、いまの時代には悪くないんじゃないかな、とぼくは考えているんです。

＊1——不安
二〇〇九年の四月二〇日、私は野菜生産者の松木一浩氏（一九六二年生まれ）への取材で

料理店のサービス係からの転職のきっかけを聞いたことがある。この箇所に関係しているため、その時の松木さんの言葉を紹介しておきたい。

「二八歳から三〇歳までパリで過ごしたあとに、日本で五年ほど『タイユバン・ロブションン』（現在は『ジョエル・ロブション』）でサービスに携われたのは光栄でしたが、三七歳の頃には、当時抱えていたジレンマが膨らんだ結果、店をやめて農業の道に進むことにしました。それまでずっと、実は『サービスとは地に足のついた仕事なのだろうか』と悩んでいたんです。当時のぼくは埼玉に住んで小さい家庭菜園で野菜を育てることを趣味にしていたけど、埼京線に乗って職場の恵比寿に電車で通勤した途端、自分を等身大以上に見せなければならず、お客さんの使うお金の規模も自分の生活とはかけ離れていました。しかも、サービスには料理を作るほどのわかりやすい技術はない。もちろん、サービスにはサービスの技術もきちんとあるけれど、当時のぼくには、それは何もないところから具体的にかたちのあるものを生み出すというほかのさまざまな仕事に比べて、さみしいものに見えていたんです。あくまでかたちのないものをやりとりするのがサービスという仕事であって、会社なり上司なりにスキルを認めてもらって給料をいただくことしかできない存在だよな、と後ろめたかった。都会の生活に疲れてもいたのかもしれません。

それで栃木で開かれていた農業塾のようなものに試しに出かけたら、そこで食べた採れたてのホウレンソウがとてもおいしかったんですよね。一九九九年の一月でしたが、もうその日に塾に申し込み、翌日には店にやめますと言い、三月には栃木に行っていました。店で『農業をやるのでやめます』と言っても、何と言うか、最初はどんな条件のいい店を見つけたんだという感じで信じてもらえなかったかな。年齢やキャリアの面で押し出されるようにではあったけれど、日本人のサービス係の中ではいちばん上にもいましたからね。そこで『数十年後は、食にかまける時代もどうなるかわからない。そんな未来に、自分は自分で食べるものを作れる人間になりたくて』と本音を話すと、あいつ、ヘンな宗教にやられたみたいだな、と……。これはほんとうにそう言われたんですよね」

＊2——悩み

二〇〇九年の三月一三日、私は東京・世田谷の中国料理店「吉華」の総料理長である久田大吉氏（一九四四年生まれ）への取材で、仕事とキャリアとともに生まれる悩みについて聞いたことがある。この箇所に関係しているため、その時の言葉を紹介しておきたい。

「キャリア一〇年の頃には、私はそれなりに世間に知られて有頂天になってしまいました。それがよくなかったですね。やはり反動はあって、キャリア二〇年の頃から仕事が怖くなり、キャリア三〇年の頃には眠れなくなり、キャリア四〇年の頃からは、自分の仕事はほんとうに社会の役に立っているのかと心配になり、仕事って、やればやるほど、何だか恥ずかしいものだなと感じるようになってきました。ですから、最近はたまにはいわゆる老人のホームレスのみなさんにボランティアで中華料理を、なんて活動もしております。そういう活動もすることで、次第に眠れるようになっていきましたね。

なぜ、眠れなくなったか。そりゃまぁカンちがいでしょう。時代に沿った技術や味が持てはやされているのに、この味は普遍的であると調子に乗っちゃって。だから、そうじゃなくなったらガクッと来た。でも、最近はむしろ大勢には受けないけど、旺盛な食欲はない年配の方に喜んでいただくきちんとした料理を作ることにプライドを持てるようになった。有頂天になっていた頃のように、自分の個性を前面に出すことはなくなりました。そんなことより、お客さんの顔や声や雰囲気から推測して味を変えるんです。結局、判断の基準は相手に持ってもらっている仕事なのですから。これが最高の料理だなんて、お客さんよりも上に立ってしまえば、歯車はどうしても合わなくなるんじゃないですかね。この仕事ってやっぱり、調子がよい時ほど、自分だけではない要素について注意を払っておいたほうがいいんです。マスコミはどうしても新しいところが好きだから、開店したらブームもあるでしょう。しかし、すべてのブームはそのうち去っていくもの。そこをカンちがいしたらたいへんになるんですよ。成功談って、もしかしたらたいていは『タイミングがよかった』のひとことで片づけられるものかもしれないから、むしろ、どうしてこうなっちゃったんだという失敗談に耳を傾けると、判断が一面的になることもないのではないのかな」

「ほんとうのイタリア料理を、日本に定着させたくて」

吉川敏明／イタリア料理

東京・経堂における「ホスタリア・エル・カンピドイオ」のオーナーシェフである吉川敏明氏（一九四六年生まれ）に話を聞いたのは、吉川氏が三一年間続けてきた老舗イタリア料理店「カピトリーノ」を閉店する直前の二〇〇八年の一一月二六日だった。

私は、はじめはホテルのサービスをしていました。高校在学中の就職活動ではヒルトンから内定をもらっていたんだけど、卒業する前に研修に出ていたら、どうもその頃にはYMCAのホテル学校出身者たちによる学閥があるみたいだとわかりました。

ここじゃあ中枢に入れないだろうと思って、当時オープン直前だったホテルニューオータニに「完成直後なんだから学閥はないだろう」と入社しました。

ホテルマンになったのは海外に憧れていたからですね。いつか海外赴任でもあれば、という程度の動機でした。ただ、たまたまその頃、日本人で柔道のイタリア代表監督をしていらした方がニューオータニに宿泊していて、話をしていたらイタリアに行きたくなっちゃったんです。その方が大学時代に私の両親が面倒を見た人なので、話が早かった。

結局、その方に保証人になってもらい、一九六五年にイタリアに渡りました。当時、東京からローマまでは二五時間ぐらいかかりましたね。

もちろん、はじめの頃にはエスプレッソは濃すぎてカプチーノしか飲めなかったりもしました。で、遺跡を改築したレストランで弾き語りをしていた歌手と話をしていたら「おれはもともとはコックだった」と言っていて、日本でホテルマンだった私に、ローマ郊外にある「エナルク」というホテル学校を紹介してくれました。ただ、そこに出かけてみても「うちは国立の学校だから外国人は入れない」と言われた。

でも「これ、日本のお土産」と餞別でもらったパールのタイピンをプレゼントしたら、すぐに「入学を許可する」という郵便が届きました。「イタリア式」をはじめて実感して、無事に入学できたんだけど、特例で入学したこともあって学校に東洋人は私だけでしたから、はじめは学内のサロンに行っても、入った瞬間に「あ、東洋人だ！」という視線が突き刺さってきましたね。

料理は、その学校ではじめたんです。それまでやっていたサービスって、言葉の商売でしょう？　それよりは、自分はここでは外国人なんだから、まずは手が動けばいい仕事をやってみようと思いました。それで、そこから四〇年間も料理をやっているわけですね。

幸運だったのは、本来は一週間交代で講義と実習というカリキュラムのところを、外国人だから実習をずっとやっていていいと言ってもらえた点でしょう。人の倍は料理を作っていたからうまくなってね。はじめは菓子部門にいたけど何ヶ月かで料理の部門に移って、その頃には異国で母国語を使わない生活が続いていたから、言葉もだいぶうまくなっていました。

この時の私の勉強方法というのは単純で、料理も言葉も、先生やともだちに教えてもらった通り、クセや口調も含めて、言動をすべてそっくりそのまま真似するんですよ。料理で使う言葉も、日本語に翻訳はせずイタリア語のまま理解して、あとはメモを取ったりすることもせず、手順などは視覚的なイメージから理解したり覚えたりするようにしていました。

あれを取ってきたら次はこれだ、と行動にひきつけて覚えれば忘れないし、メモをしているうちに大切なことを見落としてしまうなんてこともありませんからね。その学校はホテルも経営していて、学生たちもホテルで出す料理を作っていたのですが、そのうち、ホテルの料理長が「学生は講義が多くて実戦では使えない」と、私のスケジュールを、料理長のスケジュールとちょうど合うようにしてくれた。

学校ではたまに学生たちがストライキをするんだけど、ずっと料理長と一緒に仕事をしている私はもう料理長側の人間だから、「ストの日は、朝から学生に代わって石炭ストーブに炭を入れなきゃいけないから嫌だな」とほとんど自分も学生であるということは忘れていました。

学校では、ローマ、ナポリ、ミラノなどの各地の料理と、それからホテルで出す、外国人のためのユニバーサルな料理ができるようになって、卒業したあとは、ビザの取りやすいヒルトンに就職しました。

でも、その就職って、学校を訪れたヒルトンの人が「ホテルのサッカーチームのゴールキーパーがいない」と言っていたところに「私、この学校でキーパーをやっていました」と伝えたひとことで決まっちゃったので、これでよかったのかな、とは思ったけれども。

ヒルトンのあとは、ローマのあちこちの料理店で仕事をしていました。二一歳の頃にローマ郊外のホテルの料理長になった時にはほんとうに勝手にやれて、毎晩、仕事のあとは酒とカードで遊んでいたけど、これでは居心地がよすぎて料理の裾野が広がらない、と「エナルク」に戻ったこともあった。イタリアでいわゆる料理修業をするなら、まぁ一年は同じ場所でやれば、ほかの地域の料理を捉えるための基準はできるでしょう。そこからものを言ってくるのはともだちでね。

結局、異国体験ってともだちに左右されるんじゃないの？　私の場合も、ローマでの経験をもとに、あとはナポリやミラノやシチリア出身のともだちから、それぞれの土地について知ることになりました。イタリア料理って地域ごとのこだわりが細かいでしょう？　そのこだわりは、ともだちが言っている「ミラノのやつはニンニクやトウガラシを食べられないからな」なんてヨソの悪口でよくわかるんです。

全国で統一されているイタリア料理なんてなくて、どこも、「うちの料理がいちばん」だから、悪口で相対的にイタリア料理を知ることができるんですね。ちなみに、私はローマにいたからやはりローマびいきですが、ローマ人って気質が江戸っ子っぽくて、割り勘なんてしないでおごりあうんだけど、なぜかイタリアで「割り勘」って「ローマ式」と言うんです。ともだちとは冗談で「それを言うならジェノベーゼだろう？」なんて笑っていましたけど。ジェノバは商人の町ですからね。

ただ、そうやってイタリアで生活をして三年ほど経った頃、日本の母親から「私は胆石の手術をしなければならない。戻ってきなさい」と手紙が来たんです。

イタリアに永住するつもりで税金も年金も払っていたから戻りたくなくて、飛行機のチケット代がないなんてゴマかしていたらチケットが送られてきちゃった。それで日本に帰国しました。

勤めていたイタリアの店で仕事に急に穴を空けるわけにはいかないので、自分の後任を決めたあと、日本にはちょっと遅れて帰国したんです。すると、もう母親は退院してピンピンしていた。それなら、電報でも打って知らせてくれたらいいのにね。

そのあと、私にはイタリアに行く飛行機代がないので戻れなくなってしまいました。兄貴にお金を借りようとしても駄目だと言う。それどころか、父親のやっていた肉屋を継いだ兄貴は取引先のレストランに私を売り込んでいて「おまえにシェフになってほしいらしいぞ」なんて言う。どうも、家族が私を呼んだのは「外国をほっつき歩いていないで日本で就職をしなさい」という意味もあったみたいなんです。

仕方がない、いつかイタリアに帰れるだろう、と日本で働くことにしたんですね。それで、一九七一年から、麴町のある店の料理長になったんです。オーナーは「金だけ出す」と言うので場所の選択から何からすべて私がやったんだけど、よくある展開で、そのうちにお金だけじゃなくてクチも出してきたんですよ。で、ある種の人物って、言い出したら聞かないじゃない？　いくら話をしても通じないので、私は一二指腸潰瘍になりました。

オーナーからは、日本人にはピザとライスがなければと言われていたけど、私はそういうメニューにしてしまえば、それればかり出る店になってしまうと主張していたんですね。最終的には、ランチではピザもリゾットもピラフも出しますということにしたけど、やはり当時は夜の営業においては、なかなかメインやコースの料理にまで、お客さんが辿り着いてくれなかったですね。

一九七〇年代当時は食材もワインもいいのが日本に入ってきていなくて、オリーブオイルもフランスやスペインのものしかなかった。日本人の口にはオリーブオイルは合わないという声もあがっていたけど、このオリーブオイルじゃ合うはずがないと思っていましたね。内臓料理であるトリッパを出しても、その頃にはたまに来てくれるイタリア人くらいしか食べてくれなかった。

店の方針ははっきりしていて、ヘンにアレンジをしないで、現地のままのイタリア料理を出すということに尽きていました。イタリアで食べられているものとはまるでちがうものを平気で出していたら、これからの時代を担う料理人たちがイタリアで働く時に恥ずかしい思いをするだろう、と。そのことは、はじめてイタリアで修業をした世代の日本人がやるべき、最低限度の義務だと考えていたんです。現地直伝の私のローマ料理も、たとえばお客さんから「これはサルティンボッカではない」なんて言われてしまったんです。

当時の日本における有名店で出るサルティンボッカにはチーズが載っているのにここのには載っていないじゃないか、と。いちおう説明はするんです。「それは日本風のアレンジで、これがローマ風なんですよ」と。でも、納得はしてもらえなかった。

日本では、間違った情報が流通していたわけで、後輩たちにはこんな経験はさせまい、と、現地と同じものを出すという方針を強めました。当時はフレッシュのバジリコがなく、他の店では紫蘇《しそ》で代用していたので、私はメニューに載せませんでした。「バジリコもないのか」と言われたこともありましたね。

　日本のバジリコのパスタは現地のものとは別なんだと言っても理解してもらえなかったので、その代用品として出したのが、アーリオ・オーリオ・ペペロンチーノでした。本来はまかないで食べるようなもので、ローマでは夏の食欲のない時期に、そればかり食べていたので、冗談で、料理人のしがない絶望的な生活という意味で「ディスペラート」という名前で出していましたね。まぁ実際、子どもが学校に行っている時間に休憩でいったん家に戻り、また夜中まで出かけてなんて、家族と時間もあわないし疲れ果てるんだから、やっぱりディスペラートな仕事なんですけど。

　その店は、三年契約が二回終わったらもう離れることにして、やめたあとは、新婚旅行にも行っていなかった妻と、イタリアに二週間出かけたりもしました。ほんとうはイタリアで店をやるつもりだったので不動産も探したんだけど、いいのがなかった。

　日本で就職先を探しても、「あなたのような人に来てもらっても、うちはパスタの店だからね」と言われる。それで銀行でお金を借りて、一九七七年に「じゃあ自分でやるか」とはじめたのが「カピトリーノ」でした。ただ、まだバブル前で、イタリア料理自体が理解されていませんでしたね。

おカネがたくさんあったわけではなかったから、西麻布からちょっと入ったところで店を開きましたけれど、その頃は静かなところでしたが、自分から食べたいと来ていただける方に楽しんでもらいたいのでよかったですね。ただ、「ピザはないの?」「パスタだけで」というお客さんは断っていたので、はじめは開店休業状態でした。

前の店から距離もあったから、以前からの常連さんに来てもらえるまでに時間もかかった。お金のやりくりに関しては若手のスタッフへの給料や業者への支払いを優先しなきゃいけなかったから、月末には体重も減って、これでは借金のない雇われ料理長をやっていたほうがラクだったな、とは何回も思いました。

上からかけたいからチーズやタバスコをくれと言われるような環境では、高級料理を出してみてもダメだろうと思っていたんですね。その時期には、まだ、みなさんにイタリア料理に慣れていただくという段階でした。「コースと同じお金を払うから、パスタを食わせろ」なんてお客さんと口論になったりもしましたからね。

ただ、そんな口論をきっかけにして、食べ方も含めてイタリア料理を知っていただき、常連になってもらったこともありました。いまの時代のお客さんには、口論によって仲を深め合う余裕はないけど、その頃にはまだ口論できる余地があったんですよね。

そのうち、一所懸命やっていれば、大金は残らないけれども店を維持することはできると思うようになった時期からは、店の目的を「後進の教育のために」としたんです。まだ充分には日本にイタリア料理が知られてはいない事情や時代を考えてみたら、おれはもうイタリアでやったこともある高級料理に手を出さないで、一生、食堂の親父でいい。でも、それでおカネの面で浮いた沈んだだけで終わっていくのはつまらないでしょう。

だから、ほんもののイタリア料理が日本に定着するための土台を作りたい、と。それで、料理学校を出たてで、ほかの店で色がついていない人をふたりずつ三年ぐらい雇って、イタリア修業に送ってということを四回、十何年か続けました。

そういう後輩が後々日本で表舞台に立てばいいな、と。それに、そういう教育は何よりも私自身を成長させてくれました。一を伝えるには一〇を知らなければならないから、私は年じゅう伊伊辞書を読み、毎日イタリア語の新聞を読む。音楽もイタリアのものを好むようにして、料理書も読むということを習慣にしていたら、イタリアの料理や文化についての歴史は、ほんとうに体に浸透していきましたね。

一九八〇年代に、好景気でイタリア料理が注目された時期には、ブームに乗らないようにしていたんです。当時は接待用に一万円や二万円のコースにすれば人気が出ることはわかっていたけど、五〇〇〇円のコースという家庭的な店に徹していました。まだ、日本におけるイタリア料理は定着してはいないと思っていましたので。

その時期に流行っていたティラミスの影響もありましたよ。電話で予約を受ける時点で「ティラミスはありますか」という質問を受けるとすでにいやな予感があったんだけど、やはりコース料理は淡々と食べて、デザートのティラミスで眼がきらっと輝くなんてことがよくあって……。これ、料理人としては複雑な気持ちになる反応でしょう？

日本でのイタリア料理の普及に関してやっぱり残念に思うのは、この「歴史をふまえる」というのがおろそかにされていた点かもしれませんね。いくら最新の情報だけを知っていても、歴史的な背景や前提について知らなければ、本質を捉えていないまま、枝葉末節に左右されてしまうだけというところもあります。

枝葉だけを吸収して自分なりにアレンジしてしまうと、イタリア料理ではなくなってしまうんです。それと、これは食べる側であるみなさんに対しても思うことでもあります。店の雰囲気を楽しみたい人が大半だけど、歴史のある料理って知識があるほどおいしく食べられるはずなんです。そんな受け身なだけではないお客さんになっていただくための教育が必要だということは、この三〇年ほどの店の運営を通して痛感したことですね。

また、いまの時代は人と人との接点が希薄ですから、親子で常連であるというようなことは減りました。だから、小さい規模のお店の長期経営は、かなり難しくなりました。放っておいたら五年単位で時代も事情もすぐに変わるので、スタイルを割とすぐに転換しなければ生き残れない。だからこそ、いまの外食産業においては、店のかたちをどんどん変えられる、大手企業の傘下にいる料理店が好調なのでしょう。そういう時代に、ポリシーを持って個人で五年も一〇年も店を維持していくことは、かなりたいへんだと思います。

料理の勉強をするだけでは、とても追いつかない。自分の長所は外さないまま、時代にあった食べ方や盛り方にすべきだし、安さでお客さんを呼べる時代でもないから、少しずつ高い料金にシフトできるようにしておく工夫も要るでしょう。私自身が心がけてきたのは、自分で食べたいものを出すということですね。好きなものほど吟味していて、しっかりした料理にできるだろうから。

……と、きびしいことも言いましたが、基本的には、ムダをなくすとか仕入れはこまめにするとかいう方策を押さえておけば、赤字なんてことにはならないんじゃないのかなとは思うんです。だって、何百円かのパスタを千何百円かで出しているんだから、儲からないわけがないとも思いますから。

三一年間も維持した店を閉じた事情は、割と複雑ですね。正直なところ、最近一〇年ぐらいのお客さんの品位の低下に疲れたというのもあります。マナー以前に、リストランテを居酒屋のようにして利用する方も増えました。この仕事って、カラダがしんどい時でも楽しければ乗り越えられるんですけど、楽しみがあんまり感じられなくなったという点もある。

でも、いちばんの理由は、同世代のイタリア人のともだちがどんどん引退していったことかなと思う。そのともだちが店をやっている間って、離れてはいても現役の仲間という意識がありました。でも、もうみんなイタリアで年金生活に入っていますからね。

話す内容も、料理よりも家族の近況にシフトしてきている。一九六〇年代のあの濃いイタリア料理の空気を共有できる人がいなくなった……それはもっとあとに現地で修業した後輩とも話ができないことなんです。もちろん、引退ではないけど、これまでの料理人生を振り返ってみれば、やっぱりいかに自分を白紙にして、イタリア料理の文化に浸かることができたか、が大きかったのかなと思うんです。

整理や評価はあとでいくらでもできるのだから、いちいち止まらないで、いい経験も悪い経験もスポンジのようにまるごと吸収するという、後輩の料理人たちにはそういう経験をしてもらいたいなと思っています。

「一箇所からの定点観測でわかることもある」

野﨑洋光／日本料理

東京・南麻布の日本料理店「分とく山」の総料理長である野﨑洋光氏（一九五三年生まれ）には、二〇〇九年の四月二八日に話を聞いた。「移動と料理」ではなく、一箇所からの定点観測でわかること、をほかとの比較のために紹介しておきたい。

広尾と西麻布の間という自分の店のある場所から、時代とともに話題の店が出ては消える状況を定点観測してきたようなものです。一九八九年に「分とく山」を開店してからこれまで、周囲にはいつも「いま、もっとも勢いのある店」が、できては消えていくという繰り返しでしたね。

ただ、俳優の中にも、ずっと脇役でいるからこそ現役でいられる息の長い役者っているでしょう。うちはそういう役者のような店で、時間をかけてゆるやかに成長してきました。オープンしてからずっと、「超高級店」というところまでにはならないおひとりで一万五〇〇〇円という価格のままでやってこられたことには誇りを持っているのですが、それができたのは素材のおかげなんですよね。

通常、料理店というものは徐々に価格帯をあげていきますが、素材って、すべてを最高級品で揃えなくても充分においしい料理にできるものなのです。たとえば、ダシを取るのに最高の水を使ったとしても、そこにもしも醤油を加えたら水道水を使った時と味は変わらなくなる、ということはご存知ですか？　塩だけのダシならばこそ水の味に差も出てくるわけで、何でも程度の問題ではあるんですよね。

だから「素材も器も内装も最高級に」なんてブランドを積みすぎていても、結局は原価が高くなってお客さんの財布を締めつけることになってしまいかねない。長期経営をするには、そのように「やりすぎないこと」が求められるのですが、私がそこに辿り着くまでには、やはり、かなり時間がかかりましたね。

私の原点は、故郷の福島県の山の中（古殿町）で食べていた、おばあちゃんの料理なんです。その料理がおいしかったからと言うよりは「これでは自分には合わないから、自分で料理を作ろう」ということが、料理をやるきっかけになりました。

うちのおばあちゃんは、砂糖が貴重だった明治時代に生まれていますから、どうしても「うまい＝甘い」と考えて味をつけていたんですね。それが私には苦手なものでした。ある時、隣の家で遊んでいたらおやつに卵焼きが出てきたんですけど、ニラとネギと醤油だけで味をつけてあるのがおいしかったんです。それを教えてもらっておやつにしたのが、自分で作った最初の料理だったんじゃないのかな。

小さい頃にはそうやっておやつ以上の料理はしなかったんですけど、「素材を生かす」という料理の基本については、割と自然に学べる環境にありました。醤油や味噌は、近所で手作りしたものを使う。冷蔵庫はないので、食材は北向きの土間で保存をする。野菜もニワトリも裏の畑で、食事をする直前まで土の中にあったり生きていたりしたものを収穫してきて使う。

そうして季節ごとに自給自足【＊1】でまかなっていく食の豊かさときびしさは見てきました。当時、実家の料理が薄味で済んでいたのは、食べる直前に採ってきた素材の味だけでも充分だったからで、その体験が、私のいまの料理を作ってくれているのですよ。

ただ、私が高校を出て東京に行って入ることになった一九七〇年代における日本料理の世界では、濃い味をつける、化学調味料を使う、高価な素材で値段をあげるという慣習が根強く残っていました。その頃には「やっぱり化学調味料でなければこの味は出ないよねえ」なんてことがもっともらしく言われてもいましたからね。

しかし、私には、濃すぎる味も化学調味料を使った味もどうもおいしくはなかったんです。

それでも、自分は田舎者で味オンチだから親方の言うことが正しいのかな、と長らく自信を持てないままでした。だから、化学調味料を使わなくなったのは自分で店をやるようになってからなんですよ。

業界の常識をくつがえすことはやはり怖かったですから、はじめはそうした薄味の料理は「ぼくも、自分で食べる時にはこうしちゃいますね」なんて言っておずおずと出していました。すると、お客さんの評判がいい。そのうち、常識にとらわれなくてもいいんだ、店で実験してみて、評判のいい方法で料理を作ればいいんだ、と考え方が変わっていきました【＊2】。

ダシに入れる鰹節の量なら、ちょっと減らしたほうがお客さんからおいしいと言われる。塩の加減にしても、何種類かの濃さの汁を比べていただいても、薄いほうがおいしいと言われる。だんだん、それまでのセオリーとはちがう意外なことがわかってきたんです。「やりすぎない味」とでも言えるような料理には、そうして辿り着いていきました。

離乳食にしても、素材の味よりも濃くしてしまえば、子どもは野菜を食べられなくなったりするんです。それと同じように、うまさも塩分も、必要以上に重ねてしまったら、おたがいの個性を打ち消し合ってしまって、おいしくはなくなります。

昔の日本料理だったら、伊勢エビと生ウニだとか、松葉ガニとキャビアだとか、主役がいくつも必要でしたよね。それはそれで、当時に求められていたものだからよかったわけです。昔の料理業界にはお金をたくさん取れるものをという大前提がありましたし、まだまだ外食することが特別だった時代ですから、お客さんからもとにかく豪華なものが求められていた。

ただ、いまは外食に対するお客さんのスタンスも変化して、そういう時代ではなくなりましたから、料理を出すほうも変化していいのかな、と。

私にもしも経営方針というものがあるとするなら、それはお店でお客さんの前にさらされたことによって、現場でお客さんに教えていただいてできてきたことばかりだと思います。とくに二〇代の頃からかわいがってくださった写真家の秋山庄太郎先生からは、店は大きくするな、大袈裟にするなといろいろな忠告をいただいていました。

「分とく山」が二〇年前に開店した時から看板を出さないで地味に営業を続けているのはそうした助言があるからです。そのため、まだまわりにはバブル経済の余波が残っていて勢いがあった時期にさえもなかなかお客さんが入らないで、はじめは苦労しましたね。

でも、あとから考えたらその方針がよかったんです。カウンターだけの店だから企業の接待には向かないでしょう？　そもそも、大企業の接待ならば、ひとりで一万五〇〇〇円のうちの店ではなくて、三万円や五万円の店に行くでしょうし。看板がないから、うちに用事のないお客さんはいらっしゃらない。だから、何とかして、目の前で「次も来てくださるように」と心をこめる……。

それで何年か経ったら、個人が個人を呼んでくれる小さな場所として、お客さんの切れ目のない親密なクラブのようになってくれたわけです。はじめは「二日間、ひとりも予約が入らない」なんてことも何回かあって胃に穴が開きそうでしたが、バブル経済が弾けたあと、ほかのお店から「だんだん不入りになっているね」という声が聞こえてきた一九九二年ぐらいの頃から、うちとしてはむしろ予約してくださる方の数も安定するようになりました。

さきほどお話をした秋山先生は、まだ若かった私に次のように言ってくださいました。

「この店にはいいお客さんが来るだろう。京都に行ったり老舗に行ったり、まぁ、はっきり言って味わうということにかけては君より上だろうな。だから四〇歳までは人の話を聞く耳を持て。ただし、四〇歳を過ぎてもそれでは優柔不断になるからそこからは人の話を聞くばかりにはならないほうがいいだろう」

これは、焦らないで四〇歳までゆっくり時間をかけて一人前になりなさい、という励ましだったのだなといまでは思いますね。若い写真家が失敗をするのは小道具を使うからで、店をやることについても同じなんだよ、という秋山先生の言葉も、いまに至るまでずっと肝に銘じていることです。

カウンターに立つことが「さらし」と呼ばれているように、料理人というのは、ほんとうにお客さんの前にさらされるものです。これは前に出すぎても、あるいはうしろに引っ込みすぎてもダメというむずかしいものですよね。こちらがあんまり緊張したりギスギスしたりしていても、お客さんは落ち着くことができません。もちろん、だらけていてもよくない。明るい顔で、長くおつきあいのできる距離が必要なのです。

ここで料理人側としてついまちがえやすいのは、お客さんに近くなりすぎること。もちろん、こちらがお客さんに心を開いてはいけないというわけではないのですが、ここを越えてはいけないというラインを越えてしまうと、どうしても長いおつきあいができなくなりがちでしょう。いくらお客さんから「ともだちだから」とありがたいことを言っていただいたとしても、やはりこちらからはあくまでも「お客さん」として接するべきなのです。

ここで言っている越えてはいけないラインって「相手にとってのライン」なんですよね。こちらが決められるものではない。たまにはちょっとだけ入れていただいたとしても、すぐにサッと戻ってこなければ「何だね、きみは？」ということになってしまう。

こうしたことは年の功がなければわかりにくいですけど、うちの店では料理人がサービスもしていますから、若い人には「店や野崎のお客さんではなくて、将来、独立したあとにもついてきてくれる自分のお客さんだと思って接しなさい」と伝えているんですよ。

ここ何年間かは、無事で安全にいられることはものすごく価値のあることなんだよな、という当たり前のことをあらためて実感しているんです。お年寄りが「今日も一日、何もありませんように」なんて仏壇で手を合わせているのを見ていて、小さい頃には「何て後ろ向きなのだろう」と思っていましたが、その感覚って、いまならよくわかるんですよ。くだらないことに振りまわされないで暮らせることは、何と気持ちのいいことか。

私は、お酒はそれほど飲みません。車の運転免許も持っていません。パソコンもできないし、ネットの評判もいっさい見ません。……これって、もしも普通の会社にいたら、おまえは営業も納品もできないのか、なんて言われてクビになるだろうと思いますけど、そういう、やりすぎないこと、と言うかやらないことも、重要なのではないでしょうか？

料理人というのは、ただでさえ自分の技術や工夫を見せたがるものです。けれども、店が続くかどうかを左右するのは、何をしたのかよりも、何をしなかったのかではないのかな、と思えるようなところもあるんです。

たとえば、極端な個性を出しすぎる。これは、よくないように思います。派手に見えますしわかりやすいですから、はじめはそのような個性も受けるのかもしれません。ただ、私なりの実感で言うなら「おいしすぎるものはすぐに飽きられてしまう」のではないのかな、と。それに、そういった料理は往々にして体に脂分が残りがちだったりと、おいしくても長く食べ続けていたら体調が悪くなる危険性もあるものです。

本来、体が喜ぶのはもっと「やりすぎない味」なんじゃないですかね。だから私は「野崎さんの料理は、何回食べても体に優しくてホッとする。体が疲れにくいからね」と言われるとくにうれしいんです。私自身、疲れやすくなる食べもの、ラーメンやカレーなどといったものは食べないようにしていますので。ラーメンもカレーも、もちろん料理自体は悪くはないのだけれども、市販の材料の多くにはヘンな添加物が入っているでしょう。これも自分の体で何回か実験してみて「あ、やっぱり疲れやすくなるな。やめておこう」と決めたんですよ。

私はこれまで、本は七〇冊ほど出しました。料理教室も月一五回ほど開いていますから、かなりの回数にのぼりますね。これも、機会があってできるからこそありがたいんですね。教えるというのではなく、教室があることによって勉強ができる。そう考えています。本も出させていただけるので勉強できたのです。店にいながら定点観測できたこと、ということそのようなことも思い出しますね。雑誌の誌面やテレビに出ることもあるし、地方で食文化を豊かにするためにと講演をすることもありますけれども、夜の時間帯だけに営業しているこの「分とく山」でお客さんの前に立つことは、基本的には休んでいません。

どうしてそろそろ若いスタッフに任せないの、なんて聞かれることもあるけど、私の本業は料理人であって、カウンターの前で作る姿がいちばんかっこいいのですから、譲れませんよね。それに、毎日、同じように店に立つほうが体もラクなんですよ。

生活のリズムがいつも同じせいなのか、私は開店以来約二〇年間、ほとんど寝込んだことがありません。料理教室や取材なども、たいていは夕方の開店二時間前に店にいられるならばという条件でお受けしているので、就寝時間も起床時間もほぼ固定していて、それがいいんですよ。

世の中はいつも移り変わっているけど、こちらのリズムがブレなければ、必要な情報ってお客さんや仕事相手が持ってきてくださるように感じています。若い人なら、地方よりも東京、東京よりも世界、とたいていはいまいる場所ではないどこかに「最先端」の情報を求めがちなのだろうけれども、それでよそに出かけるあまりに自分のリズムを失ったら何にもなりませんよね。

もちろん、私も自分では気づかない点で変わってきたからこそこうして店を続けてこられたのですが、同じような生活リズムの中で、目の前の人、町の景色、風などに触れているうちに、時代の空気とでも言えるものを吸収できたことがよかったように思うのです。

＊1——自給自足
中国料理店「竹爐《ちくろ》山房《さんぼう》」料理長の山本豊氏（一九四九年生まれ）からは、この箇所に関連

している談話を聞いた。

「ぼくは高知県の出身です。太平洋に面した田舎で生まれ育ちました。故郷はいまは国定公園になっているようなところで、小学校でも同じ学年の子は三人しかいないという環境でしたね。そこでゴウゴウと音を立てて鳴っている太平洋の波の音を聞きながら学校の授業を受けていました。ぼくの両親はいわゆる貧農でしたね。同世代で地方で子ども時代を過ごした方ならきっと近い経験をされた人も多いだろうと思うのですが、貧しかったですねぇ。まず、ものをお金で買ったという記憶がなかったですから。

親父は炭焼きの仕事、お袋は農作業で忙しくしていて、ぼくら四人の子どもを世話する暇はなかった。だから、ぼくたちは自然と自分の口に入れるものは自分で調達しようという姿勢にはなりました。年じゅうお腹を空かせていたので、少年時代のぼくにとっては山と川と食はひとつのものでしたね。ポケットにはいつも新聞紙に包んだ味つけ用の塩と、凧糸と針金とマッチを入れていたけど、これらはすべて何かを食べるための道具だった。小学校に行く途中にはやわらかい木の枝に凧糸を結びつけて木の実をエサとしてまいて鼠捕りみたいにしておきます。これ、小鳥を捕まえるための罠なんですよ。学校の帰りにツグミやコジュケイやヒヨドリが罠にかかっていたら、川の近くで枯木を集めてカマドを作り、小鳥は竹で作った串に刺して火であぶる。コジュケイなんて食べるところがけっこうあっておいしかったな。夏になるとダムに行って遊びながらその辺にある熟したスイカを浮かべて冷やしとく。帰りにはそれを割って食べるのね。まぁ、基本的には足りないものって現金だけでしたから、いい少年時代だったとは思いますよ。

　中学二年生の冬に、山の奥の炭焼き小屋で親父の仕事を手伝いながら、高校に行きたいと伝えた時の風景は、いまでもよく覚えています。うちが貧乏だとはよく知りながらも、どうしても行きたくなってね。すると親父は、うちには金がない、どうしても行きたければ埼玉の叔父さんを頼れ、と。それで中学二年生が終わった春休みに、大工になるために上京するという一学年上の先輩と一緒に汽車に乗って、埼玉の川越に向かいました。叔父は薬剤師でした。都内にある順天堂大学の一角を借りて試薬の販売をする事務所をやっていた。それで川越の自宅にも試薬倉庫を構え、ほかには洋裁の仕事も手がけ、近所には東洋大学の大学生たちがいるってことで食堂と雀荘と卓球場もやってた。中学三年生だったぼくは叔父のすべての仕事を手伝いました。学校から帰れば薬品の配達と食堂の手伝いをする。近所の町工場に出前を持っていったり、麻雀牌の掃除をしたり、卓球場のタイムキーパーをやったりしてね。高校は夜学ならいいと言われたので昼間は叔父の仕事をやり、夕方、食堂も洋裁もここから忙しくなるという時間に、オバちゃん、ごめん、とパートの方々に声をかけて学校に通っていました。楽しかったなぁ。英語部の部長や生徒会の役員もやってたんですよ。

学校を出たら、できれば英語を活かした仕事ができればいいなと思っていました。でもある時、叔父の都内の事務所に近い湯島聖堂に連れていかれましてね。当時、湯島聖堂の中では中国料理の講習会が開かれていたけど、叔父はそこの会員で、そこで叔父と主任さんがゴニョゴニョと話してて……知らないうちに、預かってほしい、わかりましたなんてぼくの就職が決まってた。まぁ食堂を何年も手伝っていたから料理には慣れていてよかったんですけどね。そうして、たまたま日中国交回復の前まで、日本における中国料理の中心地のひとつだった湯島聖堂内の中国料理研究のための組織に入りました。国交回復前（一九六八年）には香港での満漢全席に出席させていただき、その素晴らしさには感動なんてものではありませんでした。二度目のチャンスにも恵まれました。そして国交回復後の一九七六年には待望の中国大陸視察団員として、華中、華北を旅しました。こうして食の世界に感銘を受け続け、段々とのめり込んでいく自分を抑えることができなくなり、この世界でずっとやっていくって決意ができていまに至ってるんですけど、もともとは偶然入った世界なんですよね」

＊2――考え方が変わっていきました

仕事についての考え方については、千葉県の柏で四〇年間ほども中国料理店の「知味斎」を経営していた小笹六郎氏（一九三七年生まれ）にも談話を聞いた。

「ぼくの父は横浜の魚屋さんで丁稚奉公《でっちぼうこう》をしたあとに、東京の本郷で割烹料理の店をやっていたようです。でも、店が火事で燃えたとかで無一文になってこの柏に移ってきた。資金がなくてもできるからと豆腐屋さんをはじめたんです。その豆腐作りの際に出るオカラなどもムダにならないように、と豚を飼いはじめたり、ほかには途中で納豆の商売で失敗したり、まぁ根っからの商売人だったんでしょう。あれこれ手を出していたみたいです。そのうち戦前に柏にあった軍部に出入りする商人になって、軍に頼まれた物品なら何でも調達してきて売るという……食べものや洋服はもちろん、軍隊の上役の人たちに住んでもらうために、建物まで職人を雇って建てたらしい。ぼくが一〇歳の頃に父は死にましたから詳しくはわからないけど、ぼくが生まれた場所もそうして父が建てた多くの建物のひとつだったようですね。

ぼくは六郎という名前の通りに六男で、末っ子でした。父も母も再婚で、ぼくが小さい頃にはそれぞれの連れ子も大人になっていて、長兄は果物問屋さんや野菜問屋さんとして働いていた。姉のダンナは菓子職人だったり、食べものに携わる仕事に就いていたのが多かったかな。みんな、自分の仕事が忙しくて全員で食卓に集まった記憶はほとんどなかった。兄によく市場に連れてってもらいましたね。ぼくは大学を出て普通に就職をするんですけど、なかなか仕事が続かなくてね。

紹介してもらった会社の面接でも、ここで勉強させてもらって何年かあとには独立しますとか言っちゃう生意気なやつで。車のディーラーもやりましたが、でもすぐ飽きて会社をやめちゃう。消毒剤の営業とか、ダイヤモンドの販売とか、職を転々とするばかりで焦ってもいたかな。兄たちや姉のダンナの仕事を見てもいたし、同業に就いたら家族の仲が悪くなるからそれは避けたいなとか、『実家の商売のように物を仕入れて売るというのは、よそが一円でも安くなったら人はそちらに流れてしまう。そのことを怖れて、いつでもビクビクしてなければならない。だから嫌だ』とか、『まぁ、それなら自家製造してそれを販売する仕事をやれば、しかも口に入るものならどんな時代にもとにかく需要はあるかな。でも豆腐屋さんは朝が早いから嫌だな』とか、二〇代の半ば頃はそんなふうに、消去法でしか仕事を捉えられなかった。

そのまま、『おれは、もう日本料理の丁稚に入って修業をはじめられる年齢はとうに過ぎているから』と調理師の学校に入りました。でもそこでフランス料理を習ってもどうも性に合わなくて、フランスは遠いからおれには合わないんだ、隣の国の中国の料理にしよう、なんて中国料理をはじめたんだけど……これが、自分に向いていたのかな。それで、学校を出たら、湯島聖堂で中国料理を研究する組織の料理部に入りました。

あ、これは自分の仕事なんだ、と本音で言える仕事が見つかれば強くてね、それまでは回り道と捉えていたいろいろな仕事をずいぶん活用もできました。出張料理の介助に出かけると、もともと営業出身だから現場での振る舞いが受けてね。そのうちに先輩の頭を越えて、指名で出張料理の依頼をいただくようになりました。地元の柏で店をオープン後、湯島聖堂の上司からは、あんたはほかの人に中国料理を教えられるようになるだろう、と中国料理の第一人者のみなさんに会わせていただいた。そう言っていただいた通り、三〇歳を過ぎた頃に、地元の柏で店をはじめてすぐに、もう料理の現場は離れて、経営に専念することにしました。台湾や香港に足繁く出かけ、国交が回復されてからは中国の各地に出かけるようになった。そうしてやっていたのは、向こうの一流の料理人にうちのスタッフをぶつけて勉強をさせることでしたね。どんなに若くても未熟でも現地の厨房に放り込む。すると必死にやるからすごく伸びる。うちはそうやって何でもやらせる環境にあるからと、そのうち中国料理に敏感な若手料理人たちの集まる研究所のようになってくれました。

柏で店をはじめた頃、地元の人は中国料理と言えば酢豚と八宝菜しか知りませんでした。ダシをきちんと取ったスープに対しても『味がしないんだけど、醤油はないの？』と言われてしまう。でもここで、わかってくれない他人のせいにしてはいけないなとは思いました。どうせ店はそんなに流行ってなくてヒマなんだし、中国料理を啓蒙運動みたいにして伝えなきゃいけないいな、と、月に二回、近所の奥さま方のための中国料理教室をやりはじめたら、そのうちそこから常連になってくださる人も出てきた。しかも、奥さま方は『感じのいい店ってお茶が熱くて、夏に出してくれる水がとても冷たいものよね』なんて細かいところまで感覚的なニーズを伝えてくださる。そのうち、『この変な料理を出したのは誰！』なんて若いスタッフに対してぼくよりも教育をしてくれる存在にもなってくれました。その頃は厨房はガラス張りで、客席から料理を作っている姿が見えたこともあって、スタッフ同士の緊張感や競争意識が高まり、みんな、自然に腕があがりまして、まぁうちの味はほんとうにお客さんに鍛えられたんですよ。

ぼくはチンゲンサイなど中国と同じ素材を日本ではじめて流通させたとも言われています。中国人の食に対しての考えに忠実になるような原材料の調理法を心がけるうえで、中国と同じ素材でやろうと思ったわけですね。ただ、これも偶然でね、きっかけは石油危機なんです。それで世界経済に左右されないように自給自足でやろうとは思ったんだけど、なかなか全部は実現できなくて野菜の方向を探ることにした。農家のみなさんにはホウレンソウよりもチンゲンサイをやったら儲けは倍ですよと焚きつけて、実際にそうなったということですね。中国野菜にはかなりハマって、ムダな種もずいぶん買いましたけれども。まぁ野菜を育てるための参考にと中国のあちこちの畑を回って、気候と料理の関係をつかんだことはよかったですよ。中国野菜って向こうの気候に合ったものだから、日本で育てるならそのままではダメなんですね。これは料理もそう。気候に合った料理が出ているのだから、日本における中国料理ならば日本の気候に合わせなければと強く思うようになりました。それに、野菜って知れば知るほど『それぞれ、ほかのものにはなれないところ』が魅力なんだと実感するようになりました。だからそういうそれぞれの野菜を使うのなら、ほかの野菜にはない味を充分に出せるものに……と、店における素材重視の方針をさらにつきつめることもできたんです」

「病気が治って、働けるだけでもありがたかった」

塚越寛／寒天製造業・会長職

寒天製造会社としてトップシェアを維持しながら、仕入先を値切らない、上場しないという方針を貫いている会社が長野県の伊那食品工業だ。会長の塚越寛氏（一九三七年生まれ）に話を聞かせていただいたのは、二〇〇九年の一月一三日だった。いわゆるレストラン関係者ではないのだけれど、食品に関連している仕事をしている方のこのような経験も「料理の旅人」の一例かと思い、今回は特別に掲載させていただいた。

寒天はノーカロリーというだけではなく、便秘にもいいのです。一定のボリュームがあり、水分を保持していますから。便秘に悩む人は予想以上に多く、寒天のその効果が体験的に知られているからこそ、最近、寒天のファンはじわっと増えているんですよ。

うちの会社の方針は、敵を作らないこと、です。数十年前までは同業他社とせまいシェアの中で競争をしていたけれど、それじゃ寒天業界は全体として潰し合って先細りだな、と気づいてからは、まず新しい用途の寒天を開発することに力を入れました。誰も作ったことのない寒天を作れば競争はなくなるだろう。しかも寒天全体の需要が増えて、市場が広がるだろう、と。

それで、沸騰させなければ溶けなかった寒天を、熱湯で溶けるようにしたり、固まらない寒天を作ったり。そうして次第にドリンクなどにも寒天が使われるようになっていったのです。うちが寒天のトップメーカーになったのは、そのように用途開発をしたからなんです。社員の中の一割の人には研究をしてもらうというように、開発にかなり比重を置いた仕事のやり方をしてきました。

そもそも、なぜ、この業界に入ったのか？　私の父は洋画家で、昔の芸術家だから絵で飯は食えず、私が小学校にいた時分に四〇歳で早死にしました。母は女手ひとつで私たち五人兄弟を育て、つねに「頼むから芸術家にはならないで」と言っていました。

ですから、私は中学生の頃から、将来の夢は「中小企業の社長になること」でしたよ。しかし、アルバイトをしながら高校に通っていたら一七歳で結核になってしまった。当時、結核を出した家は「病気が伝染するから」とかなり嫌われたんです。だから、病気がおさまり、二〇歳の頃に地元の木材関連の会社に就職できた時には、就職難でもあったので「拾っていただいた。働かせてもらえるだけでもありがたい」と仕事は雑用でも何でもとてもうれしかった。

その会社でちょっとした仕事も工夫してやっていたのが気に入ってもらえたのか、二一歳の頃には木材関連会社の社長に「うちの関連企業の伊那食品（いまの伊那食品工業）が潰れそうだ。行って会社を健全にしてくれ」と寒天製造会社の立て直しを命じられました。

工場長で社長代行という肩書で、必死になって働きましたね。ただ、寒天の世界に入って最初の一〇年間というのは、どこの会社でもあるだろうけれど、もう明日の糧を得るのに夢中という時期で、正直に言って、仕入先を値切ることもしていました。

でも、次第に会社として体を成してきた時に考え直してみたのがよかったのかな。毎日同じ作業をしている従業員を見ていると「夢がなければ耐えられないだろう。会社としての夢を持たなければ」と思いました。

水仕事はつらいからなくす。床が水浸しだった工場の中は長靴を履かずに歩けるようにする。社員が工場で怪我をすれば借金してでも機械を買い替え、作業を安全にする。寒くちゃいけない。暗くちゃいけない。そうして職場が快適になるよう直していったんです。

それからやっぱり、楽しみもなくちゃね、と思って、三六年前から一年ごとに社員全員で海外旅行に出かけているんですよ。これは会社が貧乏だった時にもやりたかったけれど実現できなかったことを、ようやく実現できただけなのですけれど。

かつて、寒天作りというのは農家にとって冬の間の副業でした。そのように作られていたものを業務用に使えるようにするためには、おもに衛生面とそれから均一な品質という面で製造過程を工夫しなければなりませんでしたね。そこではすごい労力が必要でした。

まず、工場に関してはうちなりに最先端の合理化を図り、寒天製造の中でも相当に重要な「海藻のブレンド技術」を開発し、それで物性を揃えました。寒天は製造過程で九八・五パーセントもの水分を除かなければならないけれど、果汁などと異なりヌルヌルしているから圧力をかけて絞るだけではうまくいかないので、冷凍によって水分を取り除く設備も作りました。それで業務用の寒天を安定的に供給する体制が確立したのです。

ほかにやっておいてよかったなと思ったのは、一九七〇年代に寒天が相場商品であった状態を是正したことでした。原料供給が安定せず、値段が相場次第なんて状況を放っておけば、大手企業には買って使ってもらえないですから。

寒天業界は小さいから、当時は原料を買い占めれば、短期的にはかなり儲かるだろうと知ってはいたけれど、それほど小規模な業界なら、自分たちで供給を安定させることもできるのではないかと考えたのです。

そこで、チリ、インドネシア、モロッコ、韓国に原料の海藻を供給する工場を立ちあげ、それぞれパートナーとして現地を代表する企業になってもらうことにしました。うちが利益をあげた時には「海外の工場は苦しんでいるのか。それなら相場よりも高く買おう」ということもあった。

うちが損を被ることで相手は「恩人だ」と感謝してくれて、信頼関係が深まるわけですね。うちの会社の永続のためには、原料である海藻を供給してくれるパートナーにも栄えてもらわなければならないので、「買い叩かない」は徹底するよう心がけています。

うちはどれほどいい取引先があろうと、危険を分散させるために仕入先は複数の場所からにしています。また、東京に営業所を増やせば効率よく儲かるだろうけれど、業務用寒天を安定供給することのほうが大事なので、やはりそれはやりません。逆に、いくら赤字でも北海道の営業所を畳まないのは、全国で等しくうちのサービスを受けてもらうためです。つまり、安定を重視しているわけです。効率より、ずっと大切にしているんですよ。

なぜ、そこまで安定を求めるのかと言えば、社員をクビにしないため、です。私は、会社にとってのいちばんの合理化は社員のモチベーションをあげることだと思っています。そのモチベーションのためには、リストラや成果主義とは逆方向に「従業員を家族として遇することや、会社に夢があること」が必要なんじゃないのかな。

会社の存続を第一にする、それに社員をクビにしない仕組みを作る、という方針は後ろ向きに見えるのかもしれませんが、でも、そもそも会社って放っておいたら潰れるんですよ。存続が当たり前ではなく、潰れることのほうが自然なんです。放置しておけば、人間はラクをしたい、高い給料をもらいたいとなって、会社は赤字になるものです。それをどう防ぐのか、でしょう。

うちが上場をしないのも安定成長のためですね。上場企業になれば、宿命的に毎期最高の利益をあげることが目標にならざるを得なくなる。それより、うちは会社の永続をいちばんの価値にしていますからね。

こういう工夫は、うちの寒天を使ってくださる老舗のお菓子屋さんから学んだところもあるんです。やはり、五〇〇年も続いているような老舗はだてに続いているわけではない。そういうお店は、やはり従業員を大切にしているんですよ。それで従業員は安心して仕事に打ち込める。

私は思うんですが、自己実現って、いわゆる給料があがることだけではないですよね。安定している仕事をきちんとやり、安心して家庭で子どもを育てる。これも立派な自己実現でしょう。だから、無理なく会社を続けたい。うちからは、野心家は去ってもらっていいんですよ。

GE（ゼネラル・エレクトリック社）のように巨大企業になっても、年に一〇パーセントもの成長を目指してしまえば、どこかに無理がかかります。木だって、幹が太くなればなるほど年輪の幅が成長する太さはごくわずかになっていきますよね。それが、当然なんです。うちも大きくなるほど低成長でいい。それで存続してくれたらいいんです。

うちの社是は「いい会社をつくりましょう」。いい社是でしょう？　大切なのは、社是を作るだけじゃなくて、その社是を社員みんなが知っていて、事実、中から見ても外から見ても何となく「いい会社」になっていると実感できることです。そうすれば、会社のためにやっていれば自分もしあわせになると思えるようですね。

だから、喧嘩もない。私は社員のことをよくほめるのですが、それも社員としてスキルがあったり営業成績がよかったりという時よりも「社会人として立派だ」という時が多いんです。うちの社員って、地域の方々からの評判がいいんですよ。先日も、二軒の、レストランのオーナーからほめられました。「最近、おたくの社員の方だとわかるようになりました。食事中のマナーと後片づけがちがいますから」。こう言われると、うれしいじゃない。ほかの点でも、うちの社員たちは地域への協力のよさが評判になっているんですね。なぜ、そうなるのかと言ったら……先輩がみんな素直で親切だから自然にそうなるという文化があるのかな。

お客さんからほめられたら朝礼でその手紙を発表するから感化されるというのもあるのかもしれない。あとは、収益があがるとうちは社員に還元するから、それで自然にモチベーションがあがるのかもしれない。

うちの新人採用の方針は「協調性」です。会社って何をしているのかと言ったら、チームワークを競うゲームをしているようなものですから。入社後の新人研修では「一〇〇年カレンダー」というのを見せているんです。「一〇〇年カレンダー」を前にして、そのカレンダーのどこかに自分の命日を入れて御覧なさい、と。人生はそんなには長くない、と伝えたいんですね。「元気に働くことができるのは、せいぜい二万日ぐらい。どう生きるんですか。どうせなら、惜しい人を亡くしたなぁと思われたくないですか」と問うわけです。これは、私が結核になって一〇代で死を意識したことが、あとから見たらよかったなと思っているから伝えていることなんです。

うちは会社に余裕ができた頃から、長い時間をかけて生き残ってきた先哲の言葉、とくに二宮尊徳の「遠くをはかる者は富み、近くをはかるものは貧す」を実行してきたんですが、その尊徳はこうも言っています。「道徳なき経済は犯罪である。経済なき道徳は寝言である」……これ、すごい言葉でしょう？　要は、会社が儲けるということは必要で、悪くはないんだけど、その儲け方やお金の使い方が問題なんですよね。

これまでの日本の会社は、会社を拡大するためにお金を使うという傾向が強かったですよね。しかし、そこには「会社の成長とは何か」という観点はありませんでした。成功って、売上高や利益だけじゃないでしょ。パートや派遣社員も含めて快適で働きやすくなったなぁと思えることが、成長なんじゃないの？　老舗の菓子屋さんで売上高が増えないなんてところはたくさんあるけど、それでも年々、文化貢献をしたりしている。それは成長なんだと思うんです。

それと、売り上げから経費を引いたぶんが利益だということで、人件費を削る会社は多いんだけど、うちは、人件費は経費ではないと言い張っている。海外の安い労働力を求めてダメになった地場産業も、多いのですから。

大手メーカーは仕入先と販売先は別と思っているかもしれないですけど、ちがうんじゃないのかなと思います。仕入先の従業員は、消費者でもあるんですよ。仕入先はお得意さまでもあると考えたほうがいいのではないでしょうか。仕入先にケチったら商品は売れなくなる。仕入先を値切ったら付加価値が減ると感じていると言うか、国全体のGDPが減っちゃう。そうしたらGDPを分配してみると平均してみんなが貧しくなる。

最近、コストカットという名の下に日本中が貧しくなっているように思えてなりません。うちはそれと逆の動きをやっているんですね。みんなによくする。それで、みんなによくしてもらえる。仕入先や地域のみなさんにうちのファンになっていただきたいんです。

うちは一〇〇〇万円をかけて、会社の敷地にいい水質の水汲場を作って、地域の方々に開放しています。いまも、ほら、見えると思うけど、自然に会社の中に入ってきて、容器を持ってきて水を汲んでいるでしょ？　みなさん、喜んで無料で水を汲みにきているんです。会社のイメージが良くなって、会社のことをよく思ってもらえる人が増えたら商売はうまくいくに決まっている、とも考えているんです。

「フランスで知ったのは、土地と料理のつながりでした」

音羽和紀／フランス料理

栃木県の宇都宮で「オトワレストラン」などを経営している、料理人の音羽和紀氏（一九四七年生まれ）に話を聞かせていただいたのは、二〇〇七年の五月一九日だった。

幼い時からものごとに没頭する傾向が強く、小中学生の頃は昆虫に夢中でした。と同時に、「いつか海外に虫を捕りに行くなら、お金が必要」と、現実も意識していたんです。そのうち関心は「お金を得る手段を身につけたい」と「海外に行きたい」の二点に移り、そこから、腕一本で勝負できる食の世界を目指すようになりました。料理上手の母親の影響もあったと思います。

高校入学時には「海外で料理修業」という将来の目標は定まり、大学時代は「世の中を勉強」すべくトラックの運転手や土木作業員などのアルバイトに精を出す日々。卒業後は東京のイタリアンレストランにサービス人として勤めはじめました。

そこからいろいろツテをあたったのですが、当時はいまとちがい海外で料理修業をする環境が整っておらず、最終的には父親の知人の紹介でドイツのキールで働くことになりました。日本での調理経験は喫茶店のバイト程度だったので、料理の技術もなく、最初は倉庫番みたいなものでしたね。

ただ、キールで働いていた時、ぼくの人生に大きな影響を与えた出来事がありました。それはのちにフランス料理人の中でも伝説的とされるポール・ボキューズ氏の活躍が大きく紹介された料理雑誌を見て、衝撃を受けたこと。軽さのある新しい料理の潮流であるヌーヴェル・キュイジーヌの担い手として大活躍していたボキューズ氏の勢いが伝わる誌面を見て、「フランスに行こう、フランス料理だ」と決めました。

しかし、実際にフランスに行けたのは、それから四年後。その間は、フランスの店に六〇通ほどの手紙を出しても無反応で落ち込んだり、ドイツで二店目に勤めたケルンの店の契約終了後に一ヶ月間失業し、生活は心配、頼る人はなし、フランスで働く夢も諦めかける、というつらい時期も体験しました。その後、運よく知人のオペラ歌手・岡村喬生さんの紹介でスイスの二ツ星「リオン・ドール」で働けることに。ここに至ってはじめて、かなり本格的にフランス料理に携われるようになりました。

ヨーロッパでは精神的にきつい時はありましたけど、学べることはすべて吸収したかったので、仕事自体をつらいと思ったことはありませんでした。大卒という遅めのスタートで料理をはじめたぼくにとって、ヨーロッパの店で学ぶとは、「シェフの仕事を一〇〇パーセントに近いほどできるようになるまで、謙虚に、素直に真似をすること」と思っていましたから。

「リオン・ドール」の次は、はじめてのフランスの店、はじめての三ツ星の店「アラン・シャペル」で働きました。スイスで同僚は異口同音に「シャペルがいちばんレベルが高くていちばんキツイ」と言っていたので、どうしてもそこで働きたくて直談判したのです。

「アラン・シャペル」での私の最初の役割はパティシエでしたが、三ヶ月間、何を作っても「要らない」と使ってもらえませんでした。言葉をかけられるわけでもなく、ただ、私の作ったものは、オーナーシェフのシャペルさんがOKを出さない。職場の同僚たちの言葉もわからない。

そのように、最初に非常に苦しんだからこそ、はじめて私が作ったものを使ってもらえた時にはものすごい充実を感じました。苦しくなくておもしろいだけ、なんてことはないのではないでしょうか。

修業中は、嫌なことは探せばいくらでもありますが、その時の自分に、シェフと同じことをすべて実現できる能力がないのなら、ひたすら吸収するべきでしょう。

あと、苦しい時は、それを乗りこえたあとの未来を信じるほうがいい。それが心の支えになります。ほかの環境や転職の可能性を考えずに、よそ見をせずに黙々と働くことも、人間としての強さにつながるのではないかと思うんです。

ヨーロッパで、七年間の修業をした中では「アラン・シャペル」がやはり特別でした。オーナーシェフのシャペルさんは、当時ミシュランの三ツ星を若くして獲得した直後でピリピリしていたし、労働時間は長いし、ひとこともホメないし、ガンコで人を人とも思っていないんじゃないか……と感じることさえもありました。でも、ある時、こう言っていました。

「お客さまは、この何もない場所に、わざわざ、時間をかけて来てくれる」

「アラン・シャペル」のあったミヨネーという土地は、都市部でも観光地でもありません。つまり、料理を食べに来てくれる人たちは、ここにしかない感動やオリジナリティを求めているのだから、よほどの気迫がなければダメだ、調子に乗るな、とぼくは受け取りました。

シャペルさんの料理は、レストランの立地そのもののようでした。高級食材のみではなく、日常にありふれた食材に魔法をかけることで三ツ星レストランの料理に生まれ変わらせたという評価をされていた人です。そして実際、素材本来の力を非常に大切にする人でした。地元の素材に強い愛情を注ぎ、農家の人たちとの交流をとても大切にしていました。

シャペルさんの考えでは、まず地域があり、気候風土があり、そこで育つ素材があり、育てる人がいるのです。料理人は、彼らから素材を受け取り、料理をして、そしてお客さまに喜びを与える。料理とは、このような大きな流れの一部なのです。けっして「その土地」から離れるものではない。

のちに私は故郷の宇都宮で店を開きましたが、その時も、誇りを持って身近な食材を使いました。「トリュフやフォワグラは使えないけど、身近な魚、たとえばイワシやキンメダイを使えば、安くておいしく、だからこの値段で、この土地でやっていける」。こうした姿勢を貫けたのも、ミヨネーを体験していたからです。

シャペルさんは、「地産地消」を当たり前のように実践していました。その姿勢は、故郷で料理人として生きていこうと考えていた私の指針となり、いまも私のエネルギー源です。シャペルさんには「一流とはこういうこと」という存在感を、まざまざと感じさせられました。すべての料理を最良の状態でゲストに提供するため、仕事場には緊張感がみなぎっていたのです。たとえば、彼がドアを開けただけで空気がヒヤッとする。汚なくしてないか、必要以上の音を立ててないか、仕事にムダはないか……いちいち指摘をされるわけではないのですが、優れている人に、いつも抜け目なく能力を近くで披露されてしまったら、こちらも腹の底から「ちゃんとやらなきゃ」と思う。とにかく、圧倒的な人でした。

また「アラン・シャペル」では、調理では準備はできるだけしないことが奨励されていました。間に合うギリギリのタイミングでアスパラガスの皮をむいて、茹でました。そうでなければ鮮度感はなくなるから。ハーブにしても、注文が入ってから切ったり、ちぎったりしなければ香りが逃げてしまう。妥協しない姿勢は徹底していました。

その後、「おいしくて太らない料理」というコンセプトで注目を集めていたミシェル・ゲラール氏のもとで働いて帰国しました。

一九七七年に三〇歳で帰国して三年間は、「中村屋」の総料理長に就きました。地元の宇都宮でレストランを開くため、店舗運営に必要なことを広く学ぶべきだと考えたからです。サービスや経理なども含めた組織のシステムを知りたかったのです。「中村屋」なら全国規模で展開していながらも創業者の理念が受け継がれていますし、最適なのではないかなと考えました。ぼくは東京の速度でなく、地元の速度に根ざしたお店をやりたかった。しかし地元には、まだ、フランス料理は根づいていませんでしたから、多くのお客さまを相手にする術を学ぶ必要があった。

そのあと、栃木県の宇都宮で、一九八一年にフランス料理店「オーベルジュ」を開店しています。アラン・シャペルさんが地元の素材で料理を提供して地域との共生を実現させていたように、私も地方で開店したいと思ったわけです。当時、故郷の宇都宮はフランス料理を食べたことのない人が大半という状況でしたが、東京で高級店を開くより、地元で自分を見失わないように落ち着いてやりたかった。

バブル前後、景気もよくなり続々と新店舗ができる東京の速度に合わせて自分がブレるのが怖かったのです。また、修業中に出会ったフランス人は「うちの田舎がいちばん」と堂々と言っていました。家族、自然、土地のワイン、料理……。故郷の食材や文化や人々に愛情を注ぎ、良さを懸命に伝えようとする姿を目の当たりにして、私も地元の食文化に根ざすレストランを作りたくなりました。

フランスでの修業経験をそのまま宇都宮で実現させたければ、一部のお金持ちを相手にせざるを得なかったでしょう。しかし、それは避けたかった。周囲には「アラン・シャペルで修業して、なぜ地方で？」と言われたけど、少しずつフランス料理を食べる喜びを知ってもらうことを優先したかった。だから、いま「あなたたちは、宇都宮に本物のフランス料理を伝えてくれた」と言われることは、心からありがたいことなのです。

店を続けてフランス料理を地元に根づかせ、いずれは「アラン・シャペル」のような質の高い店を作って全力を傾けようと思っていたけど、そんなに簡単にできるわけではなかった。

一九八一年に開店した「オーベルジュ」では、小さくてもチームで料理を作りたかったので、従業員は七名ではじめました。五〇〇〇万円以上の開店資金は、父親の担保で借金をしました。

最初は親戚やともだちが来てくれても、次第に客足は遠のきます。それでもお客さまに来ていただく努力をしつつ、「電気・ガス・水道」とつぶやきながら省エネに努め、従業員にも時間効率のよい作業方法を教えてオペレーションを整えたり、と工夫していたら、経営はうまくいきはじめました。のめり込むうちに地元とつながれて、客足も回復したのです。

開店から二年目以降は、中村屋の料理長時代の縁があり、依頼されて食品産業のコンサルティングもはじめました。当初は「お声がかかったからやる」という感覚だったけど、そのうち、時代の空気や食文化の情報吸収に最適だと思うようになりました。

コンサルティングをしていなければ、フランスで修業したことしかないから、一〇年もすれば古びていたでしょう。分野のちがう相手の要望を把握して役に立つ仕事は、自分の陣地で満足して終わるより、時代をつかむいい訓練になる。自分を変革させなければ必要とされなくなるのがコンサルティングという職業ですからね。

ただし、やりはじめた頃は、企業の方々が栃木に泊まりで来てくれて、店が終わったあとに相談をする……明け方まで彼らと飲んで話をして、朝の七時過ぎには店に向かうという無理な生活を続けたので、開店の一年半後に急性肝炎になってしまいました。

店の存続を考えれば入院はできない。ボーッとしながらも厨房にいましたが、食事と睡眠がないと結局どこかで体が潰れてしまうという教訓を得ました。以来、食事、睡眠、ポジティブであることの三つは、経営の基本と考えています。

「オーベルジュ」は初年度から黒字を出すことができました。多店舗展開に関しては、時代のニーズに合うと思って店舗を徐々に増やしていったのですが、これが、想像以上にむずかしかったんです。

というのも、オーナーシェフが現場にいるといないとではまるでちがっていた。二店目を開店したら、自分で一店のすべてを把握していた時とちがい、従業員への説得力や求心力は三分の一以下になってしまいました。理解してくれていた従業員にも、それまで通じていた話が通じなくなる……。「二店をひっぱること」は、「多店舗のシステムを作る」ことにはならないのです。でも、やってマイナスだったとは思いません。

私は「アラン・シャペル」で「レシピを暗記するのではなく、素材や環境に合わせて工夫すること」を学びましたが、現在の日本の地方都市で、環境や状況に応じて、多店舗展開をするなど方針を変化させていくことも、ある意味では「アラン・シャペル」の精神の体現だと思うのです。

料理、サービス、内装……環境に合わせてゆくと、手がける範囲も広がり、個人の興味範囲も広がる。それを反映するからこそ、いい店になると考えています。料理人は、社会でお客さんとつながるのが仕事です。「料理だけすればいい」ではないのです。

　また、フランス料理店、デリカショップ、レストランバー、ケータリング……と多店舗展開で試行錯誤をしたからこそ、料理や接客の内容が変化しても「基本的には全部『メシ屋』だ」と自分のしていることを客観的に見られるようになりました。一所懸命に料理を作って、お客さまに喜んでいただくことに徹すればいい。

　最近、レストランは華やかな世界だと思われているので、ヘタをするとほかの仕事に比べて優越感を持ってしまうかもしれないけど、料理人は社会の多様な職業の中のひとつにすぎない、という謙虚さを失ってはならないでしょう。適正価格、材料費、従業員の給料、家賃、光熱費……なども、そもそも自分の店を「メシ屋」だと思っていれば、フランス料理という華やかな側面に酔わないで現実に目を向けられます。

　地方で評判の店になれば、従業員はうぬぼれてしまい勉強しなくなる恐れがあります。

　私は彼らを信頼していますが、どんな組織もベテラン、中堅、若手がバランスよくいて、教えたり教えられたりという動きがなければ、士気が薄まりマンネリ化する。そういう危険はいつもあるわけです。

　また、いまは一九六〇年代や七〇年代にフランスで修業して日本にフランス料理の基礎を築いたグランシェフたちが、「がむしゃらにやってきた。が、これからはどうしよう」と足踏みをしているように思えるんです。ぼくの場合は現在の従業員の中で誰に任せるかを何度も考えた結果、いまは後継は息子にと考えているけど、多くのグランシェフは子どもは自由にさせています。

各自の方針があっていいけど、京都の料亭のように、代を重ねて引き継ぐものがあるからこそ、什器などのハード面でも、業者さんやお客さまとの信頼といったソフト面でも、いっそうの充実が可能になるのではないでしょうか。

フランス人は、いい意味で営業上手で、賢さも備えています。フランス料理にせよワインにせよ、世界中に自分たちの文化を流通させる工夫や努力を惜しまない。日本の初代のグランシェフたちも、協力し合って、底上げを図れたらいいのにと思うのです。

地域とつながり、時代に応えて店舗も業種も増やし、拡大や縮小で悩み……。「オトワレストラン」(二〇〇七年に開店)で、ついに当初の目標に近づくことができました。開店二六年後だから、予想より時間はかかりましたね。「オトワレストラン」には通常のレストランの数店舗ぶんの投資を行い、私の手がけるレストランの中では最大規模の店にしました。私が常駐して、妻がマダムを、息子がスーシェフ(二〇一一年現在はシェフ)を務めるという万全の陣容になった。「ついに自分のしたいことをやれる」という気持ちで一杯で。

二〇席程度の店で、限られた富裕層を相手にしたレストランを開くというのであればもう少し早く開店できましたが、こうして八〇席規模の自分の店を開店するには、かなり長い時間と準備が必要でした。すべてが、このための準備だったのです。

いろいろなタイプの店舗を経営することで、一九八一年の開店時から、じわりじわりと栃木県のお客さまになじんでいただいてきました。そして生まれた時からぼくの背中を見て育った三人の子どもたちは、いま、全員飲食の世界にいます。彼らも成長してきて、そろそろ一緒に仕事をする機が熟しています。

地元で野菜やハーブの生産者と意見交換し合ったり、収穫したその日に皿に載せられるようになったのも、栃木で数十年の時間をかけて地元との関係性を開拓したからできたことです。フランスの最高級ブレス鶏の生産現場を三年間みっちり視察するなどして、福島県の伊達物産の社長と話し合って「伊達鶏」を共同開発したこともありました。

二十数年前のブロイラーばかりの鶏の状況では、料理の技術以前にフランス料理のおいしさを引き出せない状況にありました。飼料、育成方法、皮膚を傷つけない処理などがあってはじめて、フランス料理の技術が生きます。こうした、フランス料理を存分に作れる環境形成にも時間をかけてきました。

そのほか、食品会社などでのコンサルティングに声をかけていただいたことで、外の世界を見て、時代の空気をつかむことができた。料理だけを見ていたら、この店は実現しなかったと思います。新しい店では二階にスペースを設け、常連のお客さまからの依頼が多かった婚礼をしやすい環境も整えました。大きな投資にふさわしく、料理も楽しいし、料理以外の興味も開ける世界にしたかった。いままで私が経験してきた修業、料理、地元での開業、店舗展開、人とのつながり……あらゆることの集大成だと思っています。

また、集大成の店でありながら、スタッフや、店内のアート作品などでは、非常に若い人を採用しています。

これは、次世代のクリエイティビティのためです。スーシェフのふたりは、一〇年ほどきちんとした修業を経ていますが、ほかの四人は経験はまだまだです。それと、パン部門には専門家をふたり採用しています。二六年前に「オーベルジュ」を開店した時、新人のみを迎えたのと同じ気持ちです。柔軟性のある、これからどんどん伸びてゆく若い人を中心にして、次世代につながる店にしたい。ここで若いスタッフたちの力を借りながら、一緒に料理を模索していきたいと思っています。

お出しする料理ですが、これまでのところ昼はランチコースと夜と同じ二つのコース、夜は二つのコースを準備しています。「アラン・シャペル」以来の経験を盛り込んだ真剣勝負の料理を。栃木県にこだわり、いままであまり使ってこなかったトリュフなどの高級輸入食材も登場します。

店内のアートも、大御所というより、今後素晴らしくなる、とぼくが思う人に参加していただいています。ウェイティングルームに「時」をテーマにしたフレスコ画を描いてもらったように、これからの人たちの時間が蓄積する店になればいいなと思っています。

そもそも今回の建築の設計をしていただいた横山聡さんとは、二〇年前の、私の店の「オーベルジュ・デ・マロニエ」の設計の頃からのおつきあい。当時から「ある年齢になったら、自分がほんとうにしたいことをするお店を作りたい」と話してきました。店の建築もデザインも一年半という年月をかけて何回も試行錯誤を重ね、集大成にふさわしいものにしていただきました。

「学ぶ」ということは、むずかしいです。若い人があるひとつのスタイルを持って学んでいたとしても、周囲の環境と合わない、求められないスタイルなら、通用しませんよね。いまは学ぶスタイルがたくさんあるので、若い人は、選択肢の多さに「どれをやればいいのだろう」と、途方に暮れるようなところがあって大変だろうなとは思います。

私は一九四七年生まれですが、私たちの世代には、「学ぶ」ということには、ほとんど選択肢がありませんでした。「やれ！」と言われたら、つべこべ言わず、先輩の言う通りにやるしかなかった。方法はひとつだけでしたし、旅費もないから嫌になっても実家に逃げることもできなかった。上下関係のきびしい世界だったから、一概にいいとは言えないけど、シンプルに学ぶことができたという意味では、恵まれていたところもあったかもしれません。やれることは、「目の前の現実を見ること」しかなかったのですから。

ただ、「現実を見る」ということは、何をどう採用するかの選択肢が溢れているかに見える現在の料理の世界でも大切だと思うのです。

「もっと高価な道具を買えば、うまくいく」

「もっと優秀な人を雇ったら、うまくいく」

若い人や若いオーナーシェフは、そんなふうに焦っているのかもしれませんが、現実の環境をちゃんと眺めたのだとしたら、それは無理だとわかるはず。つまり選択肢は、限られた環境の中で実際にはたくさんは残されていないのです。

若い人は突っ張って完璧を目指したがるもので、もちろん、それも悪くはない。ただ、理想ばかりを追っていては、料理人として、オーナーとして、自滅してしまいかねない。現実を等身大で見つめて、自分の選択できる範囲でものごとを考えないと、完璧を目指して崩壊してしまうでしょう。はじめから完璧ではなくたっていいじゃないですか?

完璧な環境はありえません。開店したばかりの「オトワレストラン」にはぼくのすべてを注ぎますが、しかし、はじめから全開でとは思っていません。三〇年間の経営の経験から、少しずつよくしていくことのほうが、完璧な理想を追い求めて崩壊するより現実的だと、わかるようになったからです。

「オトワレストラン」を数年でピークに持っていこうなんて思っていません。死ぬまでやって、ぼくの三人の子どもが活躍する次世代につながっていく店になればうれしいのです。「オーベルジュ」を開店した当時の三〇年前とは状況が変わりました。地方都市であっても、料理、サービス、しつらえなど、本物が求められるようになってきています。「オトワレストラン」は開業から三年ほどである程度の形にするという計画でスタートしました。地方でも本物が求められる時代に応じて、スタッフにも高いレベルを目指すよう導いたのです。もしかしたら、グランメゾンとしてはほんとうはそんな姿勢ではいけないのかもしれませんが、少しずつ、ゆっくり、でも確実に店の精度を上げていったのですね。厨房の中でも、サービスでも、すべての面においてそうです。基本的には、お客さまに満足してもらうことがいちばん大切ですから、それに徹していればかならず集客ができると信じて時間をかけていきました。そうした数年間を経て、次のステップに入っていければ、と。

いい仕事、いい料理、いい環境……レストランは、それさえ必死に維持していたならばかならず、少しずつ、よくなるものです。現実に折り合いをつけながら、ゆっくりと、でも確実にと思うことのほうが、はじめからすぐに大成功を狙うことよりも、長期経営に必要な姿勢ではないでしょうか。

「フランスでは、心から納得できる基準を見つけられた」

小峰敏宏／フランス料理

東京・世田谷でフランス料理店「ラ・ターブル・ド・コンマ」(二〇一二年閉店)の料理長だったが、現在は東京・神楽坂で「カーヴ・ド・コンマ」のグランシェフを務める小峰敏宏氏(一九五六年生まれ)に話を聞かせていただいたのは、二〇〇八年の一月三〇日と、二月六日だった。

三人兄弟の真ん中って、家で手伝わされるんですよね。それで、料理本を読む母に影響されて、近所のラーメン屋さんで中華のレシピを教わったり、本を見て自家製ピザも焼いたり、その私の料理を母が近所にふるまったり……。小学生の頃から漠然とですけど料理人になりたいなと思っていました。高校卒業後は料理学校を経て、創意工夫を凝らした洋食で知られていた「小川軒」に就職しました。

研修後に就いた青山の調理場では、三人体制なのに中心格の先輩がいきなりやめて責任重大に……なんてこともありました。でも、周囲の先輩や、料理本では業界でとてもよく知られていたゲラールやトロワグロの本から料理を学ぶのは楽しかった。二年目には菓子の責任者になり、その時はやっぱりこの世界では有名な料理本の一冊であるルノートルの本で勉強をしましたね。三年目からは、「小川軒」が渋谷東急本店に出していた店で、ストーブ前を任されるようになりました。

当時はフランス料理人として日本の中ではじめに有名になった井上旭さんや石鍋裕さんがフランスから帰国された時代。自分もフランス料理をやりたいと思いつつも、「小川軒」には結局、合計で五年間勤務しました。「小川軒」では、いまは学べない、ちゃんとした洋食店のデミグラスソースを身につけることができた。また、二代目の小川順さんのレシピは足し引きできない領域にある、完成度の高いものだった。

私は孫弟子ですが、先輩を媒介に小川さんのていねいな姿勢を知ることができたんですよ。直後に神戸の「アラン・シャペル」で働いたのですが、そこで小川さんとシャペルさんの姿勢は同じだと気づき、基本を学ばせていただいたと実感しました。

「小川軒」にいた当時、休暇を使ってフランス旅行もしています。

百貨店勤務の伯母に、アパレル業者のバイヤー向けに組まれた欧州旅行に混ぜてもらって。「トゥール・ダルジャン」「タイユバン」ではじめてほんとうのフランス料理を食べました。素材がいい。生臭くてそれまで敬遠していたロニョンという仔牛の内臓料理もおいしい。また、サービス係は一五歳の少年で「フランスではこんなに若い子が仕事をしているのか！」と驚きました。

次の五年間は神戸の「アラン・シャペル」に勤務していました。当時、本国同然の形式のフランス料理店の開店は、ポートピアホテルの「アラン・シャペル」が最初でした。開店二年前に報道があり、その直後に興奮して電話で「働きたい」と問い合わせたら「まだメインスタッフも決まっていない」と。結局、日本中から二〇〇〇人もの応募があったようです。厨房はフランス人やフランス修業帰りの人だらけで、当然フランス語。熱くなると「ウソつき！」とむきだしの言葉も飛びかうフランス風の雰囲気なので、言葉にも人間関係にも慣れるのに時間がかかりました。

フランス料理自体への印象は、本場のフランス料理だ、トロワグロの本の通りだなぁと。フランス経験者に比べて自分は味オンチかなという不安もありましたが、五年の勤務中は技術の吸収に夢中でした。それと、定期的に来日するシャペルさんの調理を直に見ることも、勉強になりました。シャペルさんほど威厳ある人でも、調理に関する些細なミスに対して少年のように慌てる。それほど、基本に対していねいな姿勢なのですね。

その後、フランスに渡り、二年間、現地で働きました。当時の「アラン・シャペル」で日本人料理長を務めていた、上柿元勝《かみかきもとまさる》さんの紹介です。最初の店は、スタッフ全員で五人ほどの、小さな伝統的なフランス料理店。三ヶ月間働きました。ここでの経験は大きかった。素材がよかったのかもしれませんが、フランスの調理場で料理をしたら、はじめて「おいしい」と自分で思えるものができたんです。

自分で「おいしい」と思っていたら周囲にも「おいしい」と言われる。自分にとっておいしいものは他人においしいもの、と深く納得できて基準をつかめたのです。これって単純な基準だけど、辿り着くのに時間がかかったんですよ。他人の基準は千差万別で、自分が否定されることもあれば、意外なものが受けることもありますから。だから自分に妥協せずにおいしさを目指せばいいし、そうでなければ自分を見失う、と思うようになりました。

また、素材がちがうだけで料理はものすごく変わってくる。のちに「ラ・ターブル・ド・コンマ」で産直素材を探し、使うようになるのは、フランスで「素材が中心」と実感したからです。

全盛期の「ジョルジュ・ブラン」や「タイユバン」などの三ツ星でも修業しました。仕事は朝七時から終電まで。料理と技術の吸収に必死でつらくはなかったです。あと、三ツ星店で修業できた一方で、働き口が決まらなくてペンキ屋やカラオケ店でバイトもした時期もあったけど、それも当然と思っていた。ただ、料理本での独学のおかげで、料理の技術自体への衝撃はなかったです。

日本に一時帰国後、シャペルさんが労働許可証を取ってくれて、フランスの「シャペル」に勤務予定でしたが妻からは猛反対されて……それで帰国してシェフになったのが現在の店、なんですね。それから二〇年が経ちました。

素材や野菜を中心にという「ラ・ターブル・ド・コンマ」の個性は、開店当初から確信があったわけではありません。店の持ち味は、試行錯誤の中でお客さんに認知していただいたもので。いま定番になっている「野菜のコース」は二年目か三年目に、夜の七〇〇〇円の通常のコースより低価格のものを作らねば、と、五〇〇〇円の野菜のコースを設置したのが最初です。

もしも経営に余裕がないまま数年の結果で「やめなさい」と言われたら、時間をかけて素材を改善する過程も水の泡になったと思います。ですから、不人気の期間も辛抱して店を維持してくれたオーナーには感謝しているのです。

私は「理想はこれしかない」と思うタイプではありません。現実的で楽観的で、たいていの嫌なことは、すぐに忘れてしまう。

ただ、正直なところ、楽観的でなければ、店は継続できないだろうと思うのです。地味な毎日を楽観的、現実的に積み重ねることができないタイプなら、理想主義や完璧主義で頭の中ががんじがらめになり、不完全な現実が嫌になってしまう。それで、周囲の環境や人々に絶望して店をやめてしまおう……と決断をしかねませんから。

現実は不本意で不完全なもの。店をやっていれば、偶然や流行に左右されるのも当然です。だから大切なのは、「自分の個性」「店の持ち味」をはじめから前面に出すことよりも「お客さんの反応を見ながら細かい軌道修正を継続すること」ではないでしょうか。実際、大変な現実を柔軟に受け入れるためには、楽観的でなければ耐えられないでしょう。店を続けていると、そんな局面ばかりです。

ただ、「軌道修正を継続する」とは、「妥協する」「流行に迎合する」という意味ではありません。「自分の個性」や「店の持ち味」は、時間をかけて到達するものなのでは？　と言いたいのです。目先の長所を個性と飾りたて、その持ちネタが飽きられたら終わり……ではなく、個性の前に「きちんとした料理を作れるのだろうか？」「接客も掃除も整理も整頓もできるのか？」と客商売の基本、フランス料理の基本を身につけなければ。

私も、もちろん、つねに誰が食べても「あ、これは、小峰敏宏の料理だ」と思える個性的な料理を提供したいのですが、実はまだ「小峰の料理」と言えるほどの個性を確立できていないと思っています。野菜の料理などは「小峰さんらしい」と言われるけれど、そもそもフランス料理の歴史の節目に登場し、それぞれの時代の基本を形成したポワンの料理やトロワグロの料理こそが「個性」だと思っているので。そこに近づくためには、まだまだ継続しなければ……。

フランス料理は、フランスの料理。フランスの歴史や大地が、長い時間をかけて成長させてきた文化です。それを日本で、独自の個性を付加して……と求めるのですから、私たちは本来、不可能な探求に挑戦しているようなものなんです。ただ、それでも私は、やはり他人のマネでは終わりたくはありません。

日本人がフランス料理を作り、かつ、マネはしたくない。それなら、現在の日本の限界や短所も含めて、まずは自分の境遇を受け止めなければ。「自分の状況」は少なくとも「他人のマネ」ではないわけですから、楽観的に受け入れて長所に変えていけばいいのです。日本の素材を使用することは、邪道ではない。日本人のお客さんのためのフランス料理も、日本でなければできない特色にもなります。

私の目標である「ポワンやトロワグロのような個性」は、昨今のフランス本国でもなかなか見ることができません。個性の追求とはそれだけむずかしいことなのだから、謙虚に、淡々と仕事をしなければならない。二〇年ぐらいの時間でさえも、個性の到達には足りないのかもしれません。

野菜が主役となる料理自体は、以前からやりたかった。当時の日仏の素材格差は大変なものでした。修業時代にシェフの田舎でいただいた家庭料理は土地の野菜に火を入れただけで、最低限の味付けなのにものすごくおいしかった。当時の日本の牛乳は殺菌の都合で独特の臭いがあったけれど、フランスの田舎の牧場で新鮮な牛乳を飲んだら、まさに大地にいただいたものだと感動した。……フランス料理の素材は、地域に沿った土地の恩恵をいただくものと実感しました。

フランス料理の歴史は、素材の成長の歴史だと思います。ソースの技術の追求の後、流通の進化で「新鮮な素材が持つ、本来の個性を生かす調理法」を追求するようになった。そう考えてみると、日本の土地の恩恵に沿った、おいしい自然の素材を追求したくなったのです。そうあと、野菜が主役で成り立つ日本料理の小鉢に嫉妬した、というのもあります。フランスの地方の家庭料理の「素材そのままのおいしさ」を作り出したい、という思いも強くありました。

しかし、日本に帰国した一九八〇年代の後半にはファミリーレストランや大型スーパーが急成長中。農家は土地の個性以前に、ファミリーレストランや大手スーパーのために、安価で規格に合うものを大量生産しなければならない、という状況でした。

普通にしていたら自分の要求に満たない野菜しか手に入らない、ならば開拓をしなければ。私は、料理人の産地訪問が活発になるかなり前から、生産者との関係を築いてきました。そうしていろいろ探す中で、素晴らしい素材を提供してくださる生産者の方とチラホラと出会うようになり、いまに続く料理の土台となりました。

野菜だけではありません。いまも取引させていただいている肉屋さんも、当時はフランス料理店への肉の提供は初挑戦。フランス料理に何が必要か……試行錯誤と相談の連続で、素材を提供されるみなさんと同時進行で、次第に成長してきました。

それと、娘がアレルギー体質だったり、妻の母乳が出なかったりと個人的な問題に直面して、食品に関する勉強もしました。

その過程で、高度成長期から一九九〇年代前半ごろまでの日本では食品生産や製造、流通の現場でモラルが壊れていた状況を知り、それが先天的な病気やアレルギーの遠因になっていたことも知るようになったんです。

乳製品は洗浄剤の臭いが強く、野菜は味よりも大量に生産できて均質であることを優先して作られる。フランス料理に欠かせない肉の臓物系は臭くて食べられない……素材の開拓は、追い込まれてやったことなのです。

どのようにして、望む質の素材が手に入る状況を実現したか、ですか？　野菜も肉も乳製品も、取引相手に十数年間で何百回も自分の要望や感想を伝え、時には彼らに私の作るフランス料理を食べてもらうこともありました。おかげで彼らは私が求める内容を理解してくれ、持ってきてくれる食品の質が高まりましたし、私も知識が深まった。お互いに成長ができたと思っています。

ただ、当時は地方の素材や情報をインターネットで検索、というわけにはいかなかったから、なかなかたいへんでしたよ。偶然見つけた雑誌の小さな記事をもとに電話をかけて約束をとりつけ、休日に家族とドライブに行きがてら農家や牧場主を訪ねる。そういう原始的な方法を取らざるを得ませんでしたけど、おかげで、笠マツタケなど日本特有の素材に出会えました。

「おいしい。料理店で使ってもいいですか？」

「いや、売るほどたくさんは作っていない」

……なんてことも多々あり、思い通りにいかない交渉も多かったですが、驚くような素材に偶然遭遇するのはほんとうに楽しかったな。そんな中に、料理にとっての飛躍や成長の導火線がたくさんありました。生産者の哲学が込められた素材にも出会えるようにもなり、「ナスもトマトも、もとはこういう味だったんだ！」という新鮮な感動をお客さまにも伝えたい、という気持ちも強くなりました。

もっとも、「ラ・ターブル・ド・コンマ」の二〇年間は条件や制約の歴史です。そもそも、料理長に就いた時も、店の大きさなど条件の大半がすでに決められていたので、それに従うことになったのも「偶然」です。店が入っているビルの上層階はオフィスで、そこで働く人向けに一五〇〇円のランチを出すことになったり……。

でも、偶然も悪いだけではありません。偶然の条件や制約が店内のクセや雰囲気を作りあげるのです。首尾一貫した成功物語で語れないところに偶然の妙味がある。

二〇年間、店を営業してきて、痛感したことは……意外にむずかしいのですが、きちんと料理ができるということ、掃除や整理整頓や挨拶や会話ができることなどは客商売や料理人の基本ですが、そのような基本がやはり何より大切ですよね。

とりわけ、店の営業に会話は不可欠なんです。無骨で無口で会話は苦手、というタイプもいるけれど、お客さんとスタッフのコミュニケーションが店舗や料理の内容を決めてゆくのですから、無理にでも、はじめは嫌々ながらでも、お客さまと会話をしなければ。私も実は、会話はほんとうに苦手なんですけどね。

会話は、店や料理の印象も左右します。

「八歳の息子も連れていきたいのですが……。たいていのフランス料理店で断られましたが、やはりそちらのお店もダメでしょうか？」

ていねいで、真剣にフランス料理を息子さんと食べたい気持ちが伝わるお電話でした。これならほかのテーブルに迷惑はかからないだろうと判断し「ぜひ」と申しあげたら、お帰りの際に「今日はほんとうに素敵な時を過ごせました！」と、強い感謝の言葉をいただきまして。「来店前の電話から、食事の時間の印象は決まるのかもしれない」と感じました。

実際に、足が遠のき気味のお客さまに手紙を書いてお送りしてみますと、「久しぶりに来てみましたよ」と、やはり、来店頻度が増えることは実感しているし……と、妙に営業のコツみたいな話になりましたけど、店を根本的に支えているのは、いろいろな意味でのお客さんとのコミュニケーションなのです。

三十数年間、料理の仕事に携わってきて、「これは身についたな」と思えることは、肩の力を抜いて仕事をできること、かな。昔は、お客さんにも自分にも挑戦しすぎて気張ってしまう部分が多かった。もちろん、気張ることも必要な過程だろうし、肩に力の入っている最中の若い人に「力を抜いたら？」と助言してもわからないだろうけれども……。仕事を長年やっていると、やはり、知っていることの分量は圧倒的に増えてきますよね。だから、肩の力を抜けるようになるのです。

三十数年も仕事をやっていれば、それだけたくさんのものを食べているし作っているし、「これって、おいしいのかなあ」と、無知と不安の中で基準がブレちゃうこともない。私も最初は「デミグラスソースって何？」「ロニョンって、臭くてまずくないか？」と、そもそも、目の前の料理がおいしいのかどうかを判断できないほど、フランス料理を知らないところからのスタートでしたから。

仕事の継続のいいところは、周囲や自分を「知ること」にあるんじゃないのかなあ。

料理の仕事を継続していけるかどうかの分岐点ですか？　平凡な言葉に聞こえるかもしれませんが、情熱や感動って大切なんじゃないのかなぁ。料理って、やってもやっても満足できないところがたくさんある。向上心を捨てないでいられるのか、まぁまぁの水準で妥協や満足をしてしまうのか……は、情熱が左右する。素直な感動も大切です。

「うわぁ、この素材はおいしい！　本物だ！　このおいしさをお客さんに伝えたい！」

そういう新鮮な感動が料理の差異や価値の源ですから。大規模なファミリーレストランと小規模のフランス料理店でもっともちがうのは、そこでしょう。大量生産で大量消費の枠の中では、均一の素材、同一の料理、効率【＊1】よく味をつけられる化学調味料は、値段や速度の点でそれはそれで需要があるものですよね。

だからファストフードはお客さんの支持を受けているけれど……ただ、時間をかけてフランス料理を作ってみて、または自分で食べてみて、どんな料理にいちばん納得できて心を動かされるのかといったら――「これは本物だな」「ちゃんとしている」と感じられるものなんじゃないのかなぁ。

機械的、自動的、強制的に作られたものではない、本来のあるべき料理を提供したい、という思いが料理人の成長の原点でしょう。「この素材は、こんなにおいしいものだったのか！」と心が動いたら、感動を料理にすればよい。「いまのお客さんは味をなかなかわかってくれない」とか批判したり落胆したりするくらいなら、「まだ、この感動を味わっていないお客さんに、自分と同じように感動してもらいたい」と考えるほうが、よほど健康的じゃないかなあ。

情熱も感動もないまま、自信過剰になると料理人はダメになってしまうかもしれない。いまは、修業中やシェフになる前の若い人にも自信家が増えてしまっていると感じるけど、自信家って、ダメな時に人のせいにしちゃう。

「これは、素材が悪かったですから」

「ちょっと、火が強かったですから」

……いや、これって、言いわけになっていないんです。素材をどう生かすのかは料理人次第でしょ。それに「火が強かった」って、それっておまえの火の入れ方が悪かったんじゃないのと言いたくなる。

人のせいにする子は反省も修正もないから、残念だけど、成長しないだろうなぁと感じます。失敗から逃げたらダメですよ。あとは、流行に追われるいまのような時代こそ基本が大切だよなぁと実感しているんです。

いまのフランス料理は、料理は軽くなって、一皿の分量は少なくなって、多皿展開で……という潮流が、ほとんど定着してきました。私の修業時代は、フランス料理といえば二皿構成で、一〇皿の形も最後まで同じでした。

本格的にフランス料理の仕事に携わる前、最初の五年の仕事場の「小川軒」は、当時の「洋食屋さん」の時代らしく、西洋の料理の方法に和食の文脈を生かした、独自の小皿の料理を出していましたから、「あれ？　いまの主流のフランス料理って……『小川軒』のやっていた方針なんじゃないの？」と三十数年間での時代の変化を不思議に感じることもあります。一周回って、また、最初の「小川軒」に戻ってきたかのようで――「和風を生かす」なんて、いまのフランス本国の料理の流行で、ほとんど主流になってきていますから。

もちろん、時代の流行は今後の数十年間で変化するのだろうけど……これまでの変化を料理人として体感してきた観点からいえば、「表面の完成やアレンジは変化するけれど、料理の基本は変わらない」と思います。

ポワンの時代からボキューズやトロワグロやシャペルの時代になりました。さらにデュカスが出てきました。しかし、ボキューズはポワンの店で修業をしてきて、デュカスはシャペルの店で修業をしてきて、とむしろ、料理の核心や基本は、ほとんど変わらなかったんじゃないかと思う。

単純にいえば、包丁ひとつ使えない人は料理なんて作れないだろうなあという当然のこと。鍋で鶏を焼く、ローストビーフをローストする……「それならもうできる」と思い込みがちな手順や操作を、いかに基本に忠実に究めるのか。それがオリジナリティ以前にもっとも料理の味を左右するのですから。

ソースの分量、盛りつけ、奇抜なアイデア……堅牢な基本をもとに変化させなければ、アイデアも何も生きてこないのではないでしょうか。

私の修業時代は辻調理師専門学校の辻静雄さんがいて、当時のボキューズやトロワグロの時代の料理の基本に関する本をたくさん出版されていたけど、基本の勉強は、いまのように流行がコロコロと変化するように見えている時代にこそ、料理や料理人を支えてくれるんじゃないのかな。

それから、これは前提条件なのですけど、料理はやってないとヘタになります。私も一時はスタッフに任せていたけれど……カンも鈍るしもとに戻すのに苦労しました。ですから、「料理の継続」も、成長のための大切な前提条件だろうな、とは思います。

いまの職場を嫌だと思っていたとしても、料理の世界に入ってきている人というのは、やっぱりはじめは「料理が好きだ」とか、「人に喜んでもらうことが好きだ」とかいう初志や原点があったんですよね。だから、最初の思いを大切にしてほしいと思っています。

仕事は、嫌なことばかりかもしれない。でも、ものを作る喜び、人に楽しんでもらう喜びを簡単に捨ててしまっていいのか？　と、若い料理人を見ていると感じるのです。

いまは何をしても生活のできる時代ですし、「わざわざ、こんな苦労はしたくないんだ」と、嫌になったらすぐにやめてしまうのかもしれないけれども、諦める、逃げる、投げる、という若い子があまりにも多すぎるんじゃないかなあ。

謙虚でなかったり、人のせいにしたり……でも、スポーツ選手や研究者などと同じで、つらいことや困難なこと、誰もやっていないことなどをやり遂げる楽しさってあるのではないでしょうか。「もう料理の仕事をやめようかな」と思っている人には「簡単に諦めていいのか？」と伝えてあげたいんですよね。続けがいのあるいい仕事なのですから。

＊1——効率

二〇〇九年の三月一三日、私は東京・表参道のフランス料理店「ピエール・ガニェール・ア東京」の総支配人をしていた当時の渋谷康弘氏（一九六四年生まれ）への取材で非効率であることについて聞いたことがある。この箇所に関係しているため、その時の渋谷氏の言葉を紹介しておく。

「私がソムリエをしてきて、ワインを通して実感するようになっていったことは、非効率の美こそが素晴らしいワインを生むのだということ。いまの時代って、とくに利益や効率が求められるけれども、そしてもちろん、いまの私の仕事である総支配人という役割においては、一方ではそれを追求しなければならないのですが、それだけでは厚みが出ないんじゃないのかな、とは思います。……と言うのは、私は三〇代の後半からいくつかの料理店で支配人をするようになったのだけど、はじめは私自身がその非効率の美を失っていたので、自省を込めて思うことなんですよね。

当時はそれこそいわゆる業界の常識を踏まえた対策や、外資系の親会社に対するプレゼンテーションだけは、それまでの仕事の延長線上でソツなくこなせていても、いちばん大事な、そして数字だけでは計算できない『どうすればいい店になるのか』がぜんぜんわからなかった。現場で傲慢な態度を取り、料理人にソッポを向かれたりしてね。はじめは支配人としてはダメでした。その後、数字で結果を求めすぎて、精神的にきついところに追い込まれたこともありました。毎朝、前日の売り上げを親会社である海外の本社にメールで送信する時点で重圧がすごくて、仕事がだんだん楽しくなくなってきて。いまはそういう経験もあって、人をハッピーにさせるという非効率の美を念頭に仕事をしているんです。うちのピエール・ガニェールもよく『料理はやはり愛だ』と言うんです。愛って、つまりそこにかける手間や準備のことです。それにビジネスも大事だけれど、働いている人も幸せにならなければ、食べる人も幸せにならないんじゃないのかな」

「疲労がたまって西麻布から軽井沢に移住を決めました」

田村良雄／フランス料理

長野県・軽井沢のフランス料理店「エルミタージュ・ドゥ・タムラ」で料理長を務める田村良雄氏（一九五三年生まれ）に話を聞いたのは、二〇〇八年五月一五日だった。

高校卒業後、すぐに東京電力に就職しました。社員は五万人、在籍した横浜火力発電所だけで五〇〇〇人。勤務するうちに「こんな大組織では絶対にトップになれない」と実感して、歯車になるのは嫌だ、と退社したのです。

料理の世界に二四歳で入って少しして、勤務先のステーキハウスの上司が六本木の会員制施設「東京アメリカンクラブ」に移籍することに。一緒にどうかと誘われました。そこで、フランス料理にはじめて触れた。その後、二七歳でいきなりフランスに出かけました。

渡仏の理由？　職場に反発したからかなぁ。「アメリカンクラブ」は料理人が一〇〇人もいる大組織だけど、当時のスイス人の料理長の方法論は「レシピ通りにやりなさい」だけ。でも、塩のグラム数までいつもレシピ通りって、料理はそんなもんじゃないでしょう？　ほんとうのフランス料理に飢えていました。

それで、ツテもないままミシュランを見て、星つきの店五十数店に手紙を書いたら「エルミタージュ・ドゥ・メッソニエ」だけが「どうぞ」と返事をくれた。うれしくて渡仏前に毎晩徹夜で語学勉強をしたけど、現地では通じなかったですね……。それから一年後、仕事もこなせていたし、店に残ることもできたけれど、職場で言葉が通じないと生活がおもしろくない。それで、ひとまずパリで語学学校に通うことにしたんです。

でも、仕事をしていないということに耐えられない。結局予定を半年早めて、「アンリ・キャトル」という店で働きはじめました。ここではストーブ前の担当となり、古典の料理を学びましたね。

二四歳で料理の世界に入り、二七歳で渡仏。これ、料理人のキャリアとしてはかなり遅い進み方なんですね。現地の仕事についていけたのは、「アメリカンクラブ」の上司のおかげですよ。「アメリカンクラブ」は大組織で休憩時間もしっかりあったのだけれど、「おまえはいま、休んでいていい年じゃないだろう、頑張る時期だろう？」と刺激され、休憩時間も必死で周囲の仕事を眺め、学ぶ習慣を身につけたんです。それが、フランスでやっていく素地になったのではないかなぁと思います。

フランスで三店目に働いた「ホテルネグレスコ」で目が開かれたのは、料理は自分勝手でいいということでした。シェフのジャック・マキシマンは天才的な料理人だけど、自由奔放で時には「これはおいしくないのでは？」というほど滅茶苦茶な料理を試作していた。料理は自由でいいんだ、と気づき、それまでの「ルールに従わなくてはいけない」という価値観を壊してくれました。

そのいっぽうで、一店で自由奔放に料理を作ることが許されるのはシェフだけだ、とも実感したんです。ですから、「ホテルネグレスコ」で一年の勤務を終えた時は「これからは、シェフだけをやろう」と決めて帰国したんですね。

帰国後は、けっこう待ちましたよ。「アメリカンクラブ」以外の日本の職場を知らず、コネもなかった。でも焦ってシェフ以外で採用をされても自分の料理はできないから、機会をうかがって、三年ほどはほかの店のヘルプをしていましたね。ですから、「フェヤーモントホテル」の総料理長に、という話をいただいた時は飛びつきました。

料理人は命令に従う立場ですが、料理長は自分勝手に作れる。こんなにおもしろい仕事はない。はじめて「自分の」仕事を手に入れ、うれしくて、連日寝ないで仕事してましたねぇ。一年に三六二日間勤務しても平気でしたが、それは自分の料理を作れたからです。

ただ、スタッフたちとの人間関係においてはむずかしい部分もありましたね。前任の料理長の下に長くいたスタッフが、協力してくれなかったり。でも仕事だから結果を出せばいいんです。だからこそ休まないで働いた。経営陣に結果を約束して、実際に結果は出ました。婚礼料理の数も、それまで年間数組だったのを二〇〇組にまで増やしましたからね。

ホテルレストランの総料理長は、宴会からカフェ、従業員食堂まで全部を見る仕事で大変だけど、それでも、ほんとうにおもしろかったな。「自分の発想を目前で実現できる。こんなにおもしろい仕事があるものなのか！」と感動したんです。東京電力の社員時代に、数万人の社員の歯車の一部ではない「自分の仕事」をやりたいと考えていたところにようやく辿り着いたのだから、うれしかった。

料理の内容に関しては、最初はフランスで勉強した古典の料理をやり、次第に自分なりの料理を作るようになりました。「こうあるべき」という固定観念から抜け出して、「料理は素材」という方針で好きなようにやりはじめたら、むしろ手を加えすぎたらまずくなるものばかりだ、と実感したんです。

当然、技術も大事だけど「これは最高の素材だろう」と自負できなければ料理はおいしくなりません。こう考えるきっかけとなったのは、当時の「緑健」のトマト。このトマトを食べてからは、素材別に生産者にあたるなど、素材探しに力を注ぐようになりました。

ホテルレストランを退社したあとには、三七歳で文京区の「ル・リス・ダン・バレ」のシェフになりました。就任当初はなかなかお客が入らなかったのですが、三ヶ月後にテレビの「料理バンザイ」に店が出たあとは、電話がパンクするほどの繁盛店になったんです。以降、軌道に乗りましたが、やはりオーナーシェフをやりたかったので四一歳で西麻布に「ラフェドール」を開店しました。約七年間、経営は順調でしたが、今度はだんだん仕事の疲労が蓄積してきた。

四〇代や五〇代のオーナーシェフは、体力的に分岐点を迎えるのではないかなぁ。店を開いていた西麻布は地価が高価で、家賃をまかなうには週休二日では赤字になる。家賃は五〇万円、ランチは三〇〇〇円ですから、おのずから週休一日で、昼も夜も必死に料理を作る生活になる。若いスタッフは、朝七時や八時に出勤する。「任せておく」というタイプではないから、若手と同じ時間に出勤……これでは疲れがとれないのです。当時は夫婦ともに仕事の岐路にあった。長年レントゲン技師をしていた同い年の妻も疲労がたまり、夫婦の会話は「疲れた」ばかり。

オーナーシェフならわかると思うけど、週休一日イコール休みなし、なんです。休日は給料や支払いやさまざまな手配や準備で潰れるから。朝から晩まで労働の数十年でしたから「夫婦ふたりで食べていければいいよな」と妻に話し、思いきることにしたんですよね。

また、「五〇歳を過ぎたら引越しは難しいだろう」とも考えていました。最初は都内での移転を考えていたけれど、そのうちに「次の店は夫婦ふたりでやればいい」と軽井沢に店を出すことにした。

四六歳の五月の連休にたまたま軽井沢に足を運んだら、リスや野鳥が来る理想的な土地に不動産があり、もう即決したんですよ。その夏に軽井沢に移動、翌年一月に西麻布の店を閉店、四月に「エルミタージュ・ドゥ・タムラ」開店、と、話は急展開しました。

開店前は、繁盛店になるなんて予想はしていませんでした。開店は二〇〇〇年だから、いま思えば、一九九八年の長野オリンピックで新幹線も高速道路も開通して、東京から約一時間で来られる土地になっていた。あと、温暖化の影響で、それまであまりいい野菜がとれなかった軽井沢でも、多様な野菜を作れるようになっていた。そのように、時代背景としても料理店を運営する上での周囲の環境は実は整いはじめていたようなんです。でも、夫婦とも、そんなことは知らず、考えないまま、店をはじめることにしたんですよ。

西麻布の時代から野菜主体の料理をやりたいと思っていた私に、野菜のおいしい軽井沢はピッタリ。移転後、野菜はずいぶん勉強させてもらいました。農家の方に幻といわれている山菜を見せてもらう。リンゴの摘果を見せてもらう。休日に周囲を散策するだけで生産者と話ができますから。

朝に収穫した野菜を夜に出せる環境は、料理を変化させてくれました。そう、軽井沢では猟銃の免許まで取ったんです。狩りに出かけると、鴨やキジを扱う視点も変わります。

体力的には、最初の五年間は夫婦でのんびりやれていて、ほんとうに生き返るようでした。しかし人の縁で「長野県内で出店しませんか」と話をいただく。一方で、店の中でも人材が育ち、シェフをやりたい子も出てくる……。

いま、数店舗を手がけるのはお金儲けのためではなく、むしろ夫婦でのんびりやれたらそれがいちばんなのですが、人の縁と成り行きの結果なんですよ。悠々自適のつもりで移ったのに、結局ここ数年は多忙で仕方がない。閑古鳥が鳴くのもつらいけれど、繁盛してくれたらそれで別のものを抱えることになりましたね。

ですが現在、週休二日、冬期休暇二ヶ月、休暇中も給料は満額、という環境を維持しています。なぜ、そのような運営が可能なのかと言うと、週休二日は、いまのうちの店がきちんとまわっていくために欠かせないことだからですね。避暑地では、つい、観光客の訪れる七月から九月までは休暇なしで夜は二回転も三回転も回し、料金は普段より高め、なんて方針になりがちですけど、うちは常に同じ水準を提供したい。だから週休二日で、冬は二ヶ月の休暇なのです。

なぜ、収支が成立するのかは……トップがお金を取りすぎなければそれはできるんです。

「おれみたいになれるよう頑張れ！」と豪華な生活をするタイプでもないですし。ただ、スタッフには週休二日を掃除と洗濯で終えるのではなく、一日は自分の勉強に使ってくれと伝えています。冬期休暇中も給料は出しているのでバイトは禁止です。開業に備えてパソコンを勉強する子も、パン店や菓子店にスタジエ（無給の研修）に出る子もいますね。

それで、休暇中にほんとうに休んでしまうスタッフはいないのかと言えば、まぁいろんな子がいるんですけどね。二ヶ月の冬期休暇が終われば、その間、何かをしていた子とそうでない子は、明らかに姿勢がちがっています。うちはもともと、国立大の工学部の修士課程を出た子だとか、人力車を引いていた子だとか変わった子も入ってくるんです。軽井沢では八万円あれば一軒家が借りられますし、野菜や自然が好きならうってつけの環境だから。

スタッフは、洗い場からはじまり、菓子、サラダ、魚、肉とひと通りやったら店を出てもらいます。自分で店をやるのがいちばんというのが私の方針だから。出身者で独立した人の率は高いです。

週休二日の店はいまでも珍しいものですし、うちは甘いのかなぁと思う時もあります。ほかに仕事がないから食うために必死にしがみついた私たちの時代ともちがい、いまの子はハングリーでもありません。物足りないこともある。でもこれだけ豊かになった時代に数十年前の慣習を押し付けるのは時代に逆行しています。新人が入らなくなり、料理界が閉塞しかねない。だから余計な苦労はしなくていい。ただし週休二日にしたぶん、五日間は早朝から夜まで集中して働いてもらう。つねに全力を尽くすため、勉強や成長のための休暇なんです。

現代の若い子は叱られないで大人になり、打たれ弱いところがあります。ミスを指摘されてもウソをついてごまかしたりもする。自信がないから大きい声が出せない子も多い。そんな時代だからこそ、上の立場にいる人がきちんとしないと。私はいま五五歳ですが週休二日のぶんだけ、若い子以上に必死に働いています。いまの子は真面目だから、自分の仕事はきちんとやる。でも横を見ていないので別の仕事を振る時は最初から教えなければいけない時もある。仕事は目で盗む時代の私には想像ができないけれど、いかに自主性を出してもらうのかは、悩みどころなんですよ。

海外修業にしても、お金も貯めず語学もできず準備もできていないのに親に渡仏させてもらおうという考えなら、行かないほうがいいくらいです。正直な話、フランスに行ったというだけで満足してしまい、たいした技術もないのに天狗になっちゃって「渡仏がムダになる人」も山ほどいる。ほんとうに行きたくなってから行くべきでしょう。

仕事が伸びる起点って、やはり「考えて仕事をすること」ではないでしょうか。先輩や後輩や業者さんに気を遣えているか？　このあたりは「やってます」と言う人ほどあぶない。細やかな配慮を、店のお客さまだけに、突然かけられるわけがないですからね。

それから、ハングリーさのないいまの子にとって大切なのは、いかに「教わったこと以外」の仕事を、「自分でひらめいて」やるかだと思うんです。独立して求められるのも、そこです。だって、おいしい店は山とあるけれど「自分はこれをやるんだ！」という独自性のあるおもしろい料理を出す店はどれだけあるのか？　技術は高くても、「考えて」やるということは少なくなった時代ですからね。「こんなのは嫌だから自分はこうしたい！」と言うか、店をやるなら旧来の常識や同業者に一石を投じる姿勢がどうしても必要でね。

いい子は多いです。でも、もうそれだけというのは充分でしょう。多少メチャクチャでもいいけど、斬新な料理……お客さんが、三〇代のこれからの料理人に求めるのはそういうパワーなんですよ。私も、何かの刺激になればとスタッフを連れて食事に行く時もあるけれど、そこでも「おいしいですねぇ」とぼんやり楽しむのでなく、できれば「自分ならどうする？」と挑むように、すべてのものに触れてほしいんです。思いきらないと新しいものなんてできないんだから、常に試し、しかし「客としてこれをこの値段で食べたいか？」は忘れずに、毎日、仕事にぶつかってほしいと思うのです。

いまは妻に経理をしてもらっているけれど、西麻布の店の時代などは店の収支は銀行の残高で確認していたほど大雑把でした。まぁ基本的にはそれでいいと思う。売り上げの計算よりお客さんを逃がさないよう全力をつくすことのほうが大切ですからね。料理は、手順はどこも似ています。材料も、仔羊もフォワグラも一流店はたいてい似たところに注文している。あとは「気」のちがいしかありません。おいしいもので喜んでもらおうという配慮が料理を作るんです。だからプロになりきり、常識の枠内に留まることは危険なんです。大切な人を家に迎えるつもりで仕事をする。これは店で私と妻が心がけていることです。

料理の世界は過酷でもあります。店に予約があれば親の死に目にも会えない。私もそうでした。親戚に文句も言われたけれど、だからこそ普段からどんな風に人間関係を築いているかが問われると思う。

まぁ、人が何と言おうが「これは！」というものがある人には、この仕事はいい仕事ですよ。お客さんに喜んでいただいて葉書までいただいたら、もう、こんなにいい仕事はないよなぁと涙が出てきますから。

仕事で大切にしていることは、変化ですね。料理長の仕事のいちばんの醍醐味は「変わること」と私は思います。二番手や三番手はやはり料理に勝手に変更を加えられない。正直なところ、二番手や三番手の九九パーセントは「おれは歯車の一部だ」と仕事に不満を感じているのではないですか？

私の経験則は「仕事がおもしろければ、睡眠をとらないで大丈夫」。料理長の仕事って、こんなにおもしろいものはないと感じているのですが、中でも最大のおもしろさはやはり料理を自由に変更できるところ。これは手放してはならない権利で、私は毎年、毎月、季節や素材によっては毎日、メニューを変えています。それに、料理長が新鮮に思えない料理って、お客さんにもおもしろくない。伝統の得意料理を提供するのもいいけれど、私は即興の新鮮な感動を提供したいのです。

メニューの変化については、お客さんに鍛え上げられました。東京の文京区で料理長をしていた頃には、毎日一万二〇〇〇円のコースを食べに来られるお客さんがいてくださって。半年間、毎日、メニューを変えたんです。

「うわぁ、明日はあの人に何を出そうか？」

毎日追い詰められて料理のことばかり考えて、苦しくて、でも楽しくて、という即興や偶然が入り込む新しさに料理の仕事の根幹があるのでは、と感じたのです。寿司職人の方も、目の前のお客の「酸っぱいのが好きなんです」という会話次第で酢の量を変えると言うでしょう？　料理のおもしろさは、瞬発的に目の前の状況に合わせるところにあるんです。

それ以来、変化というのは私の仕事の中心です。過去のメニューは保存しませんし、「桃のスープ」や「フォワグラの茶碗蒸し」など、アンコールの声の多い数種類の料理以外はスペシャリテにせず、どんどん変えるんです。

私も日本に帰国して料理長をしてからしばらくは、「料理は技術」と捉えていました。しかし、途中で「料理は素材」と開眼したのです。ほんとうにおいしい地鶏やトマトを目の前にして、「下手に加工したらおいしくなくなる」と心底思った。……十数年前、もっともおいしい時の永田農法で作ったトマトにオリーブオイルをかけただけの料理を、「素材のおいしさに驚いてください」という気持ちで出したのが大好評だった。以来、新鮮な素材の味を出すことに専念して、あとはお客さんさえ喜んでくだされば何をしてもいい、という方針を採っています。その結果、オリーブオイルを多用するせいか、「田村さんの料理はフランス料理なの、イタリア料理なの」と聞かれることもある。でも、「これ以上素材を生かせない」と、毎日精一杯考えたものなので、気にはなりません。

東京で仕事をしていた頃から、徐々に野菜を中心にした料理にシフトしていました。でも軽井沢での八年間で、ほんとうに勉強をさせてもらった。フキノトウはどのぐらい開いているのがおいしいのか、グミは、サンショウは、グロゼイユは、ノビルは、キノコ類は……と植物の旬を教わり、料理も新しくなりました。

自然を前にすると、季節は一〇日単位で刻々と変化するという当然の事実を感じることができる。毎日、早朝の犬の散歩の最中に野菜の育成状況を見てまわる。……これは悪くないなぁと思います。もちろん野菜だけでなく、鴨もキジも自分で猟で獲ったものを扱ったり、知り合いに誘われて新潟でホタルイカを釣って店で出したり、素材の開拓はほんとうに楽しいし、料理をおいしくしてくれる。

仕入れについては、野菜に限らず、ほとんどの素材が業者の宅配便です。ただしトマト、アスパラガス、地鶏……など素材ごとで可能な限りベストの業者さんを探すよう心がけています。宅配以外の野菜は、毎朝、なじみの農家さんや農協に買いに出かけます。あと、クレソンやキノコなど、自生しているのを当日の朝に採ったり……。いかに新鮮な食材を手に入れ、新鮮なまま出せるか、を工夫しています。

変化といえば、年齢や趣味の変化で料理が変わるのも当然です。私の料理は、野菜を中心に考え、重いソースは控えることが多いのだけれど、それは私自身が「おいしい」と思う料理の内容が変化し、そして私と同じものを「おいしい」と感じていただけるお客さんに来てほしいと思うから。自分がおいしいと思わないのに「昔からやっているから」と同じ料理を作りたくはありません。五〇代の私が全皿食べておいしいものを心がけているので、若い人の中にはもの足りないと思う人がいるかもしれない。でも、こってりしたフランス料理に食傷した、しかしおいしいフランス料理を食べたい方もいらっしゃる。要は時機に適した人が来店してくださるということです。

若い料理人に期待することですか。うーん、まず、料理長になることがいちばんおもしろいのだから、ぜひ、料理長になってほしい。その前提で新米の料理長に伝えたいのは……トップになればラクはできないってこと。トップがラクをした組織はかならず崩壊しますから。責任ある立場になるほどたいへんになるので、普段、必死に働いておくべきです。

私が三〇代で最初にホテルの料理長になった頃は、五〇代や六〇代の部下との接し方に困りました。当時の料理界は勤務中に酒を飲んだり漫画を読んだりする料理人がまだいて、彼らを怒鳴り散らしたけど、いま、あの時代に戻るなら、相手の自尊心にも配慮するでしょうね……これも伝えておきたいことです。年齢を重ねると人は絶対に丸くなるけど、それは血圧を気にしなきゃいけないから、という以上の経験則に基づいています。怒っちゃ仕事がうまくいかない時も多いということですよね。

また、当時、ホテルの宴会もバーも食堂も全部自分が見なければならないのは不便に感じていたけれど、原価率やトータルの営業など、学ぶところも大きかった。その時々の短所は長所につながっているとも伝えておきたいですね。……私が会社員出身でコネがなかったことは短所になったけれど、料理長の仕事が来るまで絶対に正社員にならないと肚を決めて待つ長所にもなった。環境や状況は、考えよう。それから、おもしろさを追求してもらいたい。

それと、若い頃はみんな「おれは周囲とちがう」と思うだろうけれど、でもいまの若いシェフの料理は似てしまいがち……。それはなぜかを吟味し、人とちがうことをやる快感を満喫してほしい。料理長は、赤字にならなければ何してもいい「自由」を手にしているのですから。

あとは、若い人は聞きたくないかもしれないけど、年齢を重ねたら、衰えというものは誰にでもやってきますよ、とは伝えておきたい。大企業の擁する有名店の頂点でシェフをしていたけれど、リストラに遭った料理人は山ほどおられます。料理もサービスも自信があっても、大企業の擁する有名店であるほど経営側は「生きのいい料理長に変えたい」と考えるもの。衰えや膠着《こうちゃく》状態が来た時にどうするか、その時に何を長所にするのかは、長く料理に携わるなら考えるべきでしょうね。

年齢を重ねた料理人は、世界各地のおいしいものも食べているから「もう、これ以上の料理はそれほどない」と感じる地点に到達するはずです。だけど、その膠着状態で、おもしろさをどこに見つけるのかが問題。私は香港で一回に二〇〇〇人ほどの集客ですべてをアラカルトで提供できる巨大なレストランに行き、もちろん私の店とは業種自体が異なるけれど、考えさせられました。「どうやってる？」と、ちがう角度で食を捉えるだけで、おもしろさは見つかるものです。

「海外で感じたのは、信頼ってありがたいんだということ」

田代和久／フランス料理

東京・青山のフランス料理店「ラ・ブランシュ」のオーナーシェフである田代和久氏（一九五〇年生まれ）に話を聞かせていただいたのは、二〇〇八年の八月二〇日だった。

ぼくは、ほかの人の何倍も時間をかけて成長してきたように思います。まずはじめには、福島の高校を出て上京して、東京食糧学校を経て竹橋の料理店「カーディナル」で三年間働きました。店の料理はおいしくて、お客さんからのいい評判も聞こえてきていましたね。ただ、ぼくはもともと将来は自分で店をやろうと決めていたのに、職場の先輩と同じように作ろうとしても不器用でね。洗い場のおばちゃんからは「田代くんは歴代の若手でいちばん怒られているけど頑張ってね」と言われていたな。

大きなフライパンでピラフを作っていると、当時はかならず途中で米を下にこぼしてしまっていてね。そのうち、技術的にはあとから入ってきた人にも抜かれてしまっているようだった。もどかしくて、うまく動いてくれない自分の腕を切り落としたくなるほど悔しくてね。涙も出ました。

だから、練習はよくやりましたよ。店の寮に帰ると、毎晩、近所の公園に行って砂場の砂をフライパンに載せる。炒める練習をするわけだけど、こぼさないようになるまでに一ヶ月ぐらいかかったかな。

ただ、何百回と練習を繰り返していると、どうも膝をうまく使って全身で混ぜるようにするのがコツみたいだなとだんだんわかってくる。あの感覚はよかったな。はじめて自転車に乗れた時のようで感動するんですよ。できなかっただけに、できた時の喜びが大きくて。時間はかかってもいつかできるようになるというのがうれしかった。だって、いつかは自分の店が持てるかもしれない、という「いつか」の夢がないと、料理人って卑屈になって潰れちゃうでしょう？

どんなにはじめはうまくいかなくても、同じ人間なのかなというぐらいに周りとは腕に差があると感じられても、料理って続けていればかならず自分なりには上達するものなんです。そういう魅力にとりつかれてこの仕事をやり続けているようなものですよ。

最初の何年間か仕事をしてみてわかったことは、どうも自分は叱られがちだなってことでした。認めたくはなかったんですけど、技術を身につけるのに時間がかかるタイプのようだとわかってきたんです。もうおれは青春時代はあとまわしだな、と思いました。店を持ちたければ、うまくないおれはほかの人と同じぐらいやってるなんてのじゃダメだ。青春は捨てて準備をしなきゃな、と。

だから、時には同僚どうしの飲み会に誘われても断って、薄給の中でも月に二〇〇〇円や三〇〇〇円でも貯金を重ねる。ふるさとの福島から送られてきた米で自炊をして節約していましたね。あ、同僚たちとの飲み会はガス抜きになるから何回かに一回は出席することもあったかな。ふだんはおたがいケンカをしあっているようなやつもみんな集まって、朝まで先輩の悪口を言い合ったりしてね。朝まで飲んで、そのまま店に行ったこともあった。

もちろん、当時の貯金というのは金額自体は微々たるものだった。でも、のちのち痛感したけど、店をやる基本ってやっぱり「我慢」ですからね。そういう姿勢がいまの自分を作ってくれたんじゃないかと思う。

我慢と言えば、最初の店の「カーディナル」ではお客さんの目の前で怒鳴られても恥ずかしいと思う余裕がないほど追いつめられていたから、とにかく「耐える」って習慣は自然に身につきましたね。シチューやハンバーグを出すような洋食店でね。ここでシェフになるまで頑張るぞ、とは思っていたけど、なかなかうまくいかなかったな。

次に行った銀座のフランス料理店「ブリアン」でもかなり怒られましたね。店の料理はやっぱりおいしくて、二〇人ぐらい料理人が働いている中にはフランス帰りの人もいるような職場だったけれど、ぼくはいつも「コックをやめたほうがいい」と言われていました。

ただ、技術的にはまだまだというレベルの当時でも、味についてはわかっているつもりでした。いつもほかの人の担当している料理をちょっと味見していたんだけど、あ、これは直すべきだなとひそかに思っていたら、いつもシェフも「ぼくが直すべきだと思っていた方向」に味つけの修正を指示してましたから。まぁ、味オンチではないようだというのを長所と捉えないことには立ち直れないほどにずいぶん叱られたんですけどね。

その時期には、朝の六時から八時まで二時間は、吉祥寺の「オオサワ」という菓子店で働いたあとにレストランに出勤していました。「オオサワ」はパイもスポンジケーキもおいしい、という菓子職人【＊1】のおやじさんの店で、はじめは客として通っていたんです。でも、とてもいい味なので、と、将来自分の店を開く時のために勉強させてもらっていた。

そのうち、おやじさんに「一年ぐらい、本格的にやってみないか」と言っていただいたので、フルタイムで一年間働くことにもなりました。その時に身につけた技術のプロセス【＊2】はいまのパイ料理やスポンジケーキにもけっこう活きていますよ。最近では、お客さんの還暦のお祝いなんて時にスポンジケーキを出すのですが、おいしいとも言っていただけるし、自分でもスポンジの味にかけてはどこよりもおいしいんじゃないかと思うほどなんです。手で泡を混ぜる工程は、心底身にしみていますから。

ただ、菓子の世界というのもぼくにはむずかしくてね。菓子の出来のよさって焼き目の色を見ればだいたいわかるんですけど、なかなか色がよくならなくて、前から働いている女の子にも負けちゃっていたような気がするな。それでも、うんとたくさん焼かせてもらえるチャンスをいただいたのはありがたかった。クリスマスの頃なんてかき入れ時だからほとんど徹夜で菓子を作り続けたんだけど、合間に風呂に入る時には同僚の男とふたりで湯につかるんです。ひとりで入ると風呂の中で寝ちゃっておぼれてあぶないからということでね。いま思い出すとあれも楽しかった。

菓子修業中にも、味についての自信は深まりましたよ。料理人だからとミートパイを任せてもらえたんだけど、店の中でもスタッフたちからおいしいと言ってもらえてたし、毎日、何十個と売れてましたから。

そのあと、二八歳から三年ほどフランスに行っています。と言うのも、やっぱりぼくは最終的には自分の店をやりたいと思っていたでしょう？　店をやるのに本物のフランス料理を知らないというのでは不安なままで、納得できないですからね。

それで、夜中にアルバイトをやって貯めた八〇万円を持っていって、現地のフランス料理を食べつくしておこう、それが将来に店を開く時の先行投資になってくれるだろうな、と。修業のつもりはなかったんです。

ただ、言葉が通じないからと行った語学学校で、現地にいた日本人の料理人グループに会って店を紹介してもらい、現地で働くことにもなりました。

はじめの店は働いて一ヶ月ぐらいで閉店になったんじゃないのかな。次に行ったのは一日に四〇人から五〇人ぐらいが入る店でしたね。でも、「何番テーブル！」と大声で指示は飛ぶけれども、ぼくはロクに聞き取れなかったから、夜になるといつも部屋でフランス語で数字を数えて頭に叩き込むようにしていたな。そこでは魚担当になったのはいいけど、緊張のあまり眠れなくもなった。ただ、うまくしたもので、やってみるとその役割を何とかこなせていましたよ。

もちろん、予定通り、現地の食べ歩きもやりました。本場のフランス料理はやっぱりおいしかった。パンひとつにしてもこんなにおいしいんだな、と感激してました。町は華やかで、ディスコに行くのも楽しかったな。

ただ、半年もフランスにいたら、ぼくはホームシックになっちゃいました。日本から持っていった八〇万円も、すぐに食べて使ってしまってね。住んでいたのは、ある日本人画家の留守を預かるかたちで借りていた屋根裏部屋でした。七階ぐらいにあたる位置だったんじゃないかな。冬は隙間風で髭が凍るほど寒かったよ。わびしさもさみしさもあった。

　それでも、ぼくにとっては三年間のフランス生活ってはじめての青春だったんです。上京してからの東京では仕事に対して必死で遊ぶ余裕なんてなかったんだけど、フランスでは弾けちゃったんですよね。

　さっき、貯金や我慢の話をしたけどそれはフランスでは当てはまらなくてね。異国の空気に解放されて遊びまくっていた。働いてる店で知り合ったともだちと一緒にディスコに出かけては「おまえ、あの女の子に声かけてこいよ」とけしかけてましたね。ほら、自分ではフランス語をうまく喋れないじゃない？　とくに週末にはおかしくなったぐらいにお酒を飲んで鬱憤を発散させてたように思います。月給も、放っておいたら三日や四日で使い切ってしまうから、店に頼んで月二回に分割してお金をもらうようにしたっけ。

　フランスでは、自分の実力不足も実感するようになりました。日本から来ている料理人たちにしてもみんなすごい人ばかりで、おれは何で日本でもっと勉強してこなかったんだろうと感じていた。

　ただ、技術的にはもうひとつかもしれなくても、一所懸命に働きましたね。日本人料理人からの紹介で入った何店目かの店では、初日にいきなり、まだその時点では作ったことがないフォワグラ料理を任されたんです。まわりのスタッフは、何かもう「おまえはあっちで見習いでもやってろよ」って顔でぼくを見ている。

「いや、でもこれは上からおれに任された仕事なんだから」

そういってハッタリ半分でやる。そんなことばかりなんだ。何にだって、飛び込んでみたらいい、というのはフランスで学んだ姿勢なんです。

やらないでドキドキするよりは飛び込んでみればいいというのはいまも思っていることなんです。結局、何をやるにしてもやってみないとわからないですからね。間に合うかどうか、できるかどうかなんて考えても仕方がないでしょう？

初日にフォワグラをやったという、そこの店のマダムにはかわいがってもらえてありがたかったですね。店で従業員の財布がなくなって、みんなが東洋人のおれを犯人だと言って洗い場で吊るしあげにされたこともあってね。まぁ、当時、日本人はいまよりかなり差別される存在だったたから。でも、マダムはそこで「タシロはそういうことはしない」と言ってくれた。

「タシロはちがう。みんな、胸に手を当てて考えてみなさい。犯人はこの中にいるんだから」

そのマダムの一声で真犯人が出てきた。あの時は、信頼してもらえているってことがうれしくてね、涙がブワッと出てきたんです。

その店の料理の真価は、帰国してからずっとあとにわかりました。何か、帰国してみるとまた食べたくなる味だったんです。働いてる最中には、実はそれほどの料理とは思えていなかったんですよ。もっと頭でっかちに、ここは、フランスで有名なレストランのガイドブック「ゴー・ミヨ」の格付けでは二〇点中一六点、「ミシュラン」では星なしの店、そういう味だよな、と捉えていた。

でも、そこで働いてから十何年か経って、自分の店で「これ、うまくできたな」と思えた料理が何かに似ているな、と思ったらその店の味に近いんだ、とハッと気づいた時があったんですよ。ずいぶんあとになってだけど、「料理の勉強には時間が経ってからじゃないとわからないものがあるんだな」と思いました。

三年後にいったん帰国したあと、フランスで正規に働くための労働許可証が取れたので、ほんとはもう一回フランスでまた何年か働く予定だったんです。だけど、帰国してしばらく経った頃、葉山のレストランで働いてたら、かつての先輩から電話が入った。

「おまえ、いま、三〇代の前半だろう？　もしもあと三、四年フランスに行って、たとえば三五歳で日本に戻ってきても体が動きにくいんじゃないか。いま、日本で働けよ」

そう言われて、日本に留まることにしたんです。独立前には、何年間かあちこちで働いています。帰国後、最初に働いたのは格好ばかりのフランス料理店でね。一度は、とにかくもう自分の店をやるまではフランス料理店では働くまいと思った。そんな傷心の時に、昔、同じ店で働いていた仲間がシェフをしている有楽町の串焼きの店でバイトをしたんです。独立する参考になるよと誘われたのだけど、実際、ここはすごくよかった。

焼き手はふたりで中にいる料理人は四人、というぐらいの規模なのに、つねに行列している。すごくたくさんの人たちを楽しませてるんです。そうだよな、外食って人を楽しませるエンターテインメントなんだよな、と感動したんですよ。何十人かの行列の前で、パッパッと焼いて出す活気の中で、お客さんに喜んでもらえるうれしさがあってね。そうそう、料理ってこういうものだ、食べるってこういうものだと思った。

串焼きの店の近所で「ベル・フランス」のシェフをしていた石神和人さんに紹介していただいて、独立直前の三年ほどは、銀座の「レザンドール」でシェフをしています。串焼きのお店で心が癒えて、フランス料理店に入ってもいいと思えたから。はじめは一ヶ月のつもりでしたがのちに変更して三年の契約になったんです。

「レザンドール」では、自分の気持ちとしては、もうそのあとに自分の店をやるための予行演習のつもりでしたね。だから、トイレの掃除をやることも含めて、店で行われていることのすべてに参加して、自分に負荷をかけることにしました。

その姿勢は出店後に活きることになりましたよ。時間をかけるというシェフの仕事の基本が身につきましたので。売り上げをもっと得るためには何でこんなに時間がかかるんだろう、というタイプの仕事ですもんね。

「レザンドール」には、ご自身の店のほうでも仕事が終わったあとの時間に、紹介してくれた石神さんもよくワインを持って食べにきてくれてましたね。ほとんど毎日来てくださっていたから、新しい料理を出さなきゃな、といろんな料理に挑戦しました。料理レシピの古典である「エスコフィエ」を繙いたりして、ぶっつけ本番だったからヒヤヒヤもしたけど、それで鍛えられたところはあった。

石神さんからの感想はだいたいはひとことなんですが、たとえば「いいね」というちょっとした言葉がぼくにエネルギーをくれて、さらにそれまでにはやったことのなかった料理を開拓することにもつながったんです。

同業者である料理人のともだちに自分の作ったものを食べてもらうのって、ぼくは大事なことだと思っています。だって、仲間っておたがいに刺激を与え合える存在でなければ対等でいられないでしょ。だから、自然と料理の内容で、相手にちょっとでも新鮮な何かを提供しなければ、となりますよね。個性で照らし合えなければ、仲間ではいられないんですから。

「レザンドール」の三年間が終わって、自分の店をやるぞという頃に見つけた物件がいまのこの店です。そもそも、店を開く場所のイメージははっきりしていました。にぎやかな通りから一本入った静かな並木道にしよう、と。それまでは屋台でも引いて運転資金を貯めようと思っていました。

でも、たまたまこの店の物件を見つけたらもうたまらなくなっちゃってね。貯金が三〇〇万円しかないのに、すぐに手付け金の三〇万円を払っちゃった。

「店を一ヶ月でもやれたらいいか」

そうやって急にこの店をはじめちゃったんだよね。正直に言って、何がたいへんなのかもわからないまま店をはじめたんです。

最初の頃の方針は、こんな理想の場所で店をやらせてもらえるんだから、毎日店に通おうというだけでした。開店してから二年ぐらいは、とにかく休日だろうと何だろうと毎日店にいましたね。時には、というかほとんど毎日家内も一緒に泊まり、冬は暖房代を節約するために毛布にくるまってました。

お客さんの入りは昼も夜もたいていは一組ぐらいなので仕事は少ないはずなのに、何かいつも煮詰めたり何なりの準備で徹夜になっていましたね。

はじめてのお客さんはやっぱりうれしかったですよ。女性がひとりで来てくださったんだけど、何か恥ずかしくてロクに挨拶もできなかったかな。夜になるとよく、店の裏に住む老夫婦が来てくださりました。「ここ、いろんな店ができるけど、だいたい一年ぐらいで潰れる場所だよ。でも、頑張ってね」と言われましたね。

開店してからは、とにかく人に助けられてやってきたとしか言えませんね。そもそも、人の助力がなければ開店時に保証人もいなくて借金もできなかったわけですし。保証人になってくれたともだちに信用してもらえたり、信頼してもらえるのっていちばんうれしいことでしたね。技術うんぬんはともかく、真面目にはやってこられたのかなという点では、自分を誇りに思えるんです。

店はもともとはカフェバーだった物件なんですね。資金は三〇〇万円しかなかったから、とてもじゃないけど高級レストランにはできない。「食堂程度にはしてもらいたい」と言って改築を頼み、水漏れを直しましたね。青山通りから一本入ったところという場所は理想的だったけど、最寄りの表参道駅から歩いて七分というのは遠いのかもしれないな、とは思いました。お客さんが思うように来なかった時にはそれがよくないのかなとも感じていました。

早朝から築地で仕入れをして、深夜には店の中で次の日の営業のための準備をしていたから時間がなかった。家内は育児で忙しくなるまでは店のマダムをやってくれていて、毎日のようにふたりで店に泊まっていたけど、つらくて余裕がない時ほど、家内に当たってしまったんです。だから頭があがらない。ずっと、余裕がなかったですからね。娘からも、最近は優しくなったとようやく言われるぐらいだから、けっこうあとになるまで当たりはきびしいままだったんでしょう。

冬場の店は、泊まるのには寒かったですね。いまでこそ少しずつ改装してきたから二重扉になっているけれど、当時は隙間風がこたえた。冬の夜中にも作業が続くと、温まるためにスタッフと酒を飲みながら仕事をすることもあった。初期には、だいたい午前三時ぐらいに眠って朝の六時に起きて、お金もないのにそのまま毎日築地に出かけていました。

利益はなかなか出なかったですよ。どういうわけか、不思議にお客さんがゼロという日はあまりないんだけど、さっき言ったみたいに昼に一組、夜に一組というぐらいでは利益は一万円ぐらいなんです。だから翌日はその一万円を握りしめてバイクに乗って築地に行くんだけど、それしかお金がない仕入れは悲惨でね。

横では、有名店の料理長たちが値段も見ないでポンポン買っていくのに、こっちは「安くならないの？」と声をかけて「買わねぇなら帰れ」と言われたりしてね。安くていい魚を探してクタクタになっていると「見てるだけだろ。邪魔だ、どけよ」とよく怒鳴られた。

もっと安いものがあるだろう、と探しても徒労に終わって、しかも前に目をつけておいたものを買おうと戻ってもほかの誰かに買われちゃったりしていてね。その悔しさを一日じゅう引きずったりもしていました。

市場内に落ちている魚や野菜を「欲しいなぁ」と見ていたら「持ってけ」と言ってもらったこともあった。余裕がなくて必死だから、それを恥ずかしいとも思わなかったよ。

ある年の二月には、大雪が降った時の仕入れの帰り道、虎ノ門あたりでバイクが動かなくなって、まわりからクラクションを鳴らされまくったこともある。渋滞を起こしているやつは誰だ、みたいにして巡査が来たんだけど優しかったな。おまわりさんもパッと見て、朝から食材を積んだボロボロのバイクに乗っているこっちの状況がわかったんだろうね。気の毒らしくて、違反のキップも切られなかった。「いいから、いつかバイクを修理しなよ」と見ないふりをしてくれたんだ。

でも、それで朝の九時ぐらいに店に着くと、「やめます」と若手スタッフの書き置きが残されていたりした。そういうみじめなことはしょっちゅうだったよ。

自分に余裕のない時期というのはカッカしちゃうものだからね。年にスタッフが二〇人もやめていった年もあった。だから開店したての頃には、仕入れが終わってすぐに店に行くということは「もし、あいつが今朝いきなりやめててもおれが菓子を作って……」なんて状況の時のための保険でもあったんだ。そういうこと、よくあったから。

それから、初期にはとくに、資金がないぶんだけ、手間をかけてパテや内臓料理を作っていたから準備には時間がかかりました。いまだに「うわ、終わらない」と徹夜で作業している時のことは夢に見たりしますもんね。

そういう中でもだんだんお客さんが増えていってくれたことに関しては、やっぱり恩人がたくさんいますよ。さっきもチラッと言った、はじめて常連になってくれた近所の老夫婦にしても、お客さんがたくさん入っている時にはいらっしゃらないのだから、やっぱり気にしていて来てくださったのかな、と想像していましたし。

仲間も、いろいろな面で店の運営を助けてくれた。開店しはじめの時には、出版社で雑誌の編集者をやっていたともだちが、いわゆる四大紙に折り込む広告チラシを出してくれたんですよ。「新聞のチラシにフランス料理の広告なんてないだろうけど、せめて最高の紙を使ってやるよ」と。昔のバイト時代の友人の、その気持ちがうれしかったよね。

近所である表参道のフランス料理店「ポワロー」では、フランス時代の仲間がシェフをしていて、うちの店のチラシを店のお客さんに配ってくれました。当時、「ポワロー」は毎晩お客さんが二回転はするという繁盛店だったから、おかげでお客さんの数はガッと増えてくれた。昔の仲間が紹介してくれるんだから顔を潰すわけにはいかないでしょ。それに、「ポワロー」のオーナーは電話代もかかるのにわざわざ「いまから何組さまでそちらに行っていいですか」と、混雑で「ポワロー」に入れなかったお客さんをつないでもくださる。他店のためにそんなことまでしてくれるなんてのは、ほんとにすごいことですからね。

実際に店をはじめてみないとわからないことっていうのは、そういう「信頼」だとか「紹介」だとかのありがたさ、でしょう。そもそも、さっき言ったように保証人がいないとぼくは店を出すための借金もできなかったわけですよね。もしも店が失敗しちゃったらおれは破産しちゃって取り立てがやってくるんだから、保証人になってくれるっていうのは、何千万円ぶんもの信用でもあるんだよね。料理学校時代の何人かのともだちが保証人になってくれたからこそ、資金を調達できたんです。それに、洋服屋さんをやってる高校時代のともだちが店のカーテンやテーブルクロスを作ってくれたのもありがたかったな。

もちろん、いざという時に助けてもらうために信用を築いたってわけじゃないですよ。自分なりに真面目に仕事をしていた姿勢を見てくれていたともだちがいた。そのありがたさを噛みしめるなら、「あぁ、真面目にやんなきゃな」と思います。

はじめの頃にとくに印象的だったお客さん、ですか。当時、渋谷でフランス語の先生をしていた方がたくさんの人を連れてきてくれたのはありがたかったですね。そのお客さまは、いまは赤坂でフランス語学校の校長先生をやっておられます。

その方が生徒さんや同僚のフランス人教師をたくさん連れてきてくれるようになったのは開店して半年後ぐらいの頃で、それでお店は軌道に乗ったとも言えるほどでした。

ぼくが「素材にお金をそれほどかけられないなら、せめて手間はかけよう」と思って作っていた内臓料理であるブーダン・ノワールやパテ・ド・カンパーニュを、フランスのブルゴーニュ出身のそのお客さまは「懐かしい味」と喜んでくれたんですよね。毎週二回ほど来てくださっていました。

それで、その方が連れてきてくださっていたフランス人の語学教師の方がまた別のともだちと一緒に店に来てくれたので、その頃のうちの店はフランス語が溢れていましたね。

そのお客さまは、お店にリラックスしに来てくれているようでした。妻とふたりで店をやりはじめたところというぼくの境遇に、フランスからこの東洋に出てきている人として何か共感できるものがあったのか、実家でごはんを食べるみたいにして来てくれていたみたいでした。

いろんな助言もしてくれましたね。ぼくがちょっと聴いていいなと思ってかけていたギリシャ人の歌手のレコードについても、この人はいい声をしてるけど、フランス料理を前にして愛を語らうテーブルには向いていないな、とそれとなく言ってくださったり。

そんなふうにしていろんな人に助けられて二〇年以上店を続けられているのだから、自分ひとりで苦労してきたかのように思っておごっていたらいけないな、と思います。

それから、お客さんに批判されたこともやっぱりぼくにとっては「助けられたこと」なんです。あるお客さんから「残りの人生一〇〇食やそこらの外食で、わざわざ時間を費やして来てるんだ」と言われたのにはほんとにハッとしましたし。

この仕事を長く続けていくうえで必要なこと、ですか。うーん、あえて言うなら、料理に対しては頑固になるってことじゃないですかね。

味覚についてはよく十人十色と言われますよね。それに、世間で流行っている味も自分の嗜好も変化していく。でも、だからこそ、自分のそのつど作りたい料理には忠実になるべきなんじゃないのかな。

ぼくの料理で言えば、イワシとジャガイモにスープを添える、というのは、料理のどの要素も欠けてはならない組み合わせで、ほかのようであってはいけないってぐらいの意図がこめられているんですよ。

まず、イワシとジャガイモの味が混ざり合って口の中に広がりますよね。途中でスープを飲んだらジャガイモの青臭さとも合って、しかも口休めにもなるから次に口にするイワシをさらに新鮮に食べられる。

もちろん、スープをぜんぶかけて「うまい」とおっしゃるお客さんを否定する気はありませんが、自分の料理としてそうでなければならないとした意図が大事なんですね。こちらのほうから「スープをかけるのもいいですし」とはならず、スープは途中で飲まないといけないものとして出しているというわけです。問われたら伝える程度ではあるのですけど。

そのように、自分としてのイメージはどの要素も足したり引いたりできないところまではっきりと、しかも強烈に高めておくべきではないでしょうか。あれもいいしこれもいい、ではお客さんが「ほかの店ではなくぜひここで」という来店の動機にはなりませんからね。

こうでなければならない、という主張をしてはじめて、これを食べたくてここに来るんだという料理になるんですよ。そういう信念がなければ、最高の素材を見つけるんだという能力も磨かれないし、素材を短期間で使い切る努力も生まれないんじゃないのかな。

ちなみに、この「素材を見つける能力」というのは、フランスの三ツ星「レジス・マルコン」の料理を食べた時にシェフのマルコンさんが話してくれた言葉が印象的だったから、いま言ってみたんですけどね。

マルコンさんは、ぼくの料理を食べて「タシロのトマトは絶対にこれを出すという使い方をしている」と言ってくれた。それで、トマトを見る能力、探す能力、使う能力が重要なんだよねという話をしてくれてね。

まぁ、このへんは要するに「気力を充実させないと味の追求から逃げて小さくまとまる」ってことです。全力投球でもなかなかうまくいかないのに、逃げてうまくいくはずがないんですよ。

最高の料理を作りたいって、これは思うのは簡単だけど実際にやるのはたいへんですよね。

ものすごくよくできたと思ったらお客さんに中座されてちょっと冷めちゃったり。そんなものでしょ。

だからこちらとしてはもう、いつもドキドキするしかないと思っています。出し惜しみをしてるヒマなんてないわけです。若い料理人に対してちょっと感じてしまうのはこの「出し惜しみ」ですね。でも、能力を温存してたってどうせ死んでしまうんだし、おれやほかのベテランと言われてる料理人だってこんなにもがいてあがいてるんだから、思い切りぶち当たってみなさいよ、とは思うんですけどね。

安易な妥協は、料理人をダメにしてしまうのではないでしょうか。思った通りの料理にうまくできないなら何ヶ月でも試行錯誤を続ければいいんだし、もしひとつのメニューが完成したとしても料理に完璧はないのだからやっぱり試行錯誤を続けるべきなのでしょう。もう、ドロドロになって恥も外聞もないところまでもがかなきゃ、ね。

やっぱり、人と同じように遊んでいたら人と同じような料理にもなってしまうのではないかな。それで店を繁盛させたいってのはムシがよすぎるから、我慢と辛抱が要ると言うか。我慢を続けていないと、いざという時には店が倒れてしまう危険性もあると思う。我慢することの内容自体は何でもいいけど、とにかく何かを我慢すること自体が必要なんじゃないか。窮地に追い込まれたり、仕事が嫌になったりする事態は何百回でも起きるのだから、我慢の習慣っていうのは料理人がもっとも身につけておくべきことだと思います。それに、我慢や辛抱がなければ喜びが爆発することもないんじゃないか。

地味な努力による支えがなければ派手に成果が出ることもないって言うのかな。信頼とか義理とか努力って、やっぱりコツコツ積んでいくべきなんですね。信頼って、得るのに五年や十年はかかるものだけど、技術に自信のある若い人が信用を積んだら鬼に金棒ですよね。

……と言っても、こういう話って、料理人にとっては「独立後にはじめてわかるもの」みたいですね。かつてはうちで働いていて、いま、自分の店を繁盛させている人は日本全国にいるけど、「おかげでいま助かっています」と連絡をくれるのはいつものちのちのことなんです。電話が来たり、手紙が届いたりするんですよね。シェフというのは現場では感謝もされないで、むしろ煙たがられるつらい仕事ではあるけど、そんな手紙をもらえば、「あいつもようやくおれと同じ道に来たのかな」「今後、さらに苦しいことがあるはずだけどな。しめしめ」なんて思って健闘を祈るわけです。

ぼくは不眠症ではないんです。午前二時ぐらいに寝て、朝は六時半に起きるって生活だから寝足りなくて、どこでも眠れちゃうの。夜中に、ふとんに入った瞬間、倒れるように眠るというのが気持ちいいんです。

自分の店を開いて、夜中の二時に、もう開いてる市場に電話をかけて魚や野菜のアタリをつけたり、朝の六時半にはバイクに乗って築地に出かけたり、なんてしてると、ほんとに時間ってあっと言う間に過ぎていくものです。調理場に入ったらもう臨戦態勢になるわけで、ちょっと休憩のできる昼と夜のサービスが終わった間には、少しだけラジオを聞きながらウトウトしたりしてね。そういうのが日常の風景なんです。これ、もしも料理が嫌いなら、こんなにきつい肉体労働ってないよなと思うような仕事だけど、料理が好きなら最高なんじゃないのかな。

そりゃ、毎日大変で、うまくいかないことも多いよね。でも、だからこそほんとにおいしいものができた時の喜びってすごいんだ。まるで小さい頃に、自分の家にはじめてテレビが来た時みたいにワクワクするんだから。

ぼくが店を続けていくうえで大事にしているのは、調理場の中でいつも情熱を感じていられるように、ということですね。仕事を続けている同年代の仲間には刺激をもらいますよ。

この間も、朝、築地【＊3】で魚をゴソゴソ選んでいたら「セニョール！」って声をかけられた。誰だろう、と思ったら、やっぱり同年代で同じように魚を買いにきている最中の「北島亭」の北島素幸さんだった。その笑顔を見て、やってるな、頑張ってるな、とこっちも元気になる。築地には、いまでも週に一回は行くことにしていますね。

北島さんをはじめとするあちこちの料理仲間もおたがいに自分の店をやっていくのに必死

だから、日常的につきあいがあるわけではないけど、ともだちでい続けたいのなら、負けないぐらいに頑張らなければな、と思うんです。先日も、洞爺湖で開かれたサミットにおいて、ザ・ウィンザーホテルの総料理長として各国の首脳に料理を出した中村勝宏さんのエッセイを雑誌で読んだんだけど、還暦を過ぎていまの時点で、中村さんが「日本の代表として料理を出さなければ」と感じているプレッシャーって言ったらすごいですよ。国を背負って、会議を成功させねばという重圧って、おれが毎日感じてるプレッシャーの比ではないですからね。まだ、もっとドキドキしなきゃ、と思ったんだ。

この年齢でぼくが痛感しているのは、人間は絶対に死んでしまうのだなということです。だからこそ、死ぬまでもがき続けなきゃな、と思う。

頑張ってきた実感についてですか。まぁ毎日、床も膝をついてピカピカに掃除をしてるし二階にあるこの店まで昇る階段の手すりも磨くわけだけど、もう、床も剝げかけているのを見ると、あ、二十何年間か、ここでやってきたんだなと思う時があったぐらいかな。

最近ドキドキしたのは……このあいだ、「ジル」（フランスの二ツ星店）のオーナーシェフであるジル・トゥルナードルさんが食べにきてくれた時かな。ジルには日本でフランス料理文化センターの事務総長をしていらした大沢晴美さんからの紹介で出会うことになったんです。有名なワイン造り屋さんであるおじいさんをはじめ、ファミリーをみんな連れて食べにきてくださいました。

ジルは、自分のともだちが日本に行く時にはよくうちの店をおすすめしてくれていて、それでジルのともだちがインターネットで調べて迷いながらうちに来てくれることはよくありますね。写真をパチパチと撮っていったなと思うと、あとでジルに、「魚はジルのところよりもおいしかった」なんて話してくれたりもするらしいですね。

そういう時にも、やっぱりドキドキするんです。料理の本場の人におれの料理でいいのかな、と何か申し訳ないような気にもなるし、失敗しないかな、と緊張もするし。でも、自分にできるのはドキドキして調理場に立ってやりきるだけだよな、という緊張感がいいんですよね。

そう言えば、ジルやジルのおじいさんと一緒に築地市場に行った時には、ジルのファミリーはそういう重圧を楽しみに変換できていたので、ふだん、仕事場でもタフなんだろうなと感じました。常に現実を楽しんでましたからね。だからおれも、重圧に楽しみを混ぜていかなきゃダメなんだろうなとは思っています。

料理って、毎回完璧にはいかないからこそおもしろいんでしょうね。うまいのができたぞ、と思ってうれしくなっても、同じように作ってみて失敗することなんてしょっちゅうですからね。逆にどこかで手順をまちがえておいしくなることだってあるわけです。

だから、うまくいった時の感覚や状況を思い出すために、あの時はどうやったっけ、と頭の中の映像を巻き戻して観るようにして自分の行動を振り返ることもよくあるけど、なかなか核心に辿り着かないってことはよくある。それで、なるほどな、こうやればよかったんだなんてわかる時には、もうそれから三年ぐらい経っていたりしてね。

そういうものだから、ぼくはいつも頭の中で「何かないか」と料理を探していますよ。ノートにアイデアを書きつけることもある。ほら、このメモなんてお客さんから個人的においしいカレーを頼まれた時にあれこれ考えてる最中のものだよ。

フランス料理なのにカレーの話になってますけど、お客さんのリクエストに応えたくて、自分で作ってみたりカレー専門店で食べてみたりしても、どうもぼくが求めているカレーとはちがったんです。

悩んでる時って、具体的にどうしたらいいのかはわからないのに「懐かしさを感じる上品なカレー」というポイントだとか、ほかの味のバランスについてのイメージだとかは頭の中でどんどんできていって、いろんなアイデアが出たり入ったりしているのね。

そうしてメモを取ったり迷ったりしてるうちにふと三日続けてだとか、徹底的に作りはじめることにもなる。そんな時には時間が経っているのも忘れます。夜中に三〇分ぐらいやるつもりが三時間も四時間も経って朝になりそうだったりしてね。

時間を忘れるほど集中するのも、それで「あ、これが当たりなんだな」とできあがった時も、飛びあがるほどうれしいし、ドキドキするんですよ。そうやって自分の食べたいものに正直になって料理を作っていくよりもワクワクすることはないですね。

自分の実力に自信のある料理人って、たぶんいっぱいいると思うんです。自分も若い頃、店が軌道に乗ってしばらくはそうで、うまくいったら「おれが頑張ったからだよな」と思うこともあった。でも、よく考えてみると、「おれが頑張ったから」だけでうまくいくなんて、そんなはずがないんじゃないかと気づいた。

能力が突出していたというだけで店がうまくいったなんて、これ、そうそうあることじゃないんですよ。うちで働いてた料理人たちのその後にしても、えてして「こいつは、どんくさいな」とイライラさせられたようなやつほど、自分の店を繁盛させたりしている。

それはどういうわけでそうなっているのかと言うと、ぼくの想像では、店って、長くやっているうちに、どうも目に見えない運みたいなのが来るんだけど、それに左右されているんじゃないのかな。

店をやってるといいことばかりじゃないですよね。やっぱり、何をやってもダメな時期っていうのもある。はっきり言って、店を持って商売をやっていくってことは綱渡りの連続のような不安な毎日がずっと続くってことです。

うわ、そろそろ店があぶないなというタイミングで、たまたま誰かがこの仕事をお願いしますなんて助けてくれたり、道具が壊れちゃったら「古くなって使わなくなったお皿をあげようか」と言ってもらえたりする。そもそも、道具なんてはじめから揃ってないんですもんね。鍋をもらったり皿をもらったりしながら、何とか少しずつ食器にしても揃えてきたってのが実際の話で。このあいだ、ようやくクリストフルのナイフとフォークを揃えられてうれしかったなとか、そういうものでしょう？

で、そういう運が来るのかどうかって、たぶん能力とはまた別の、信頼みたいなものと関係があるように思うんです。この信頼を得るってのがむずかしいんですよね、きっと。ぼくがフランスで痛いほど感じたのも、東洋人であるおれが信頼を得るのはほんとにたいへんなんだなってことでした。信頼って、たぶん、目先のおいしい話をつまみ食いしてたら手に入れられないんじゃないのかな。

レストランには、いわゆる「おいしい話」ってけっこう来るものなんです。でも、そういうので一気にポンとあがるってのじゃなくて、じわじわとキャリアを積んでいかないと、あ、この人はこういうことを続けてきたんだなという実績にはなかなかなりにくいような気がします。

ヘンな言い方だけど、借金だって実績にはなるんだよ。もちろん、借金はしないほうがいいんだけど、ぼくの場合は、長い間、毎月返済を続けていたことで金融機関に信頼してもらえたってこともあった。そういうのって、宝くじでポンと得たお金よりも信頼を作ってくれるんじゃないのかな。

信頼って義理とか人情とかの世界の話だから、相手に信頼されるような努力をしなければ得られないものですよね。こういうことを言うと若い人は暑苦しいと思うかもしれない。でも、若いならいくらでも見栄を張ってもいいし恥もかいてもいいけど、義理と人情はなかなか取り戻せないものなので気をつけてね、とは言っておきたいんですよ。

若い料理人なら、技術を高めるのと同時に、料理に対して努力するぶんの一割でも二割でもいいから、人に信頼されるための努力をしたら、つまり、おいしすぎる話には乗らないで、地道に我慢していくってことを重ねたら、運って来るんじゃないのかな。

おいしすぎる話って絶対にオチがあるから、若い人には気をつけてほしいなと思います。ぼくの感覚で言うと、自分で汗をかいて何かをやること以外の話って、だいたいヘンなことになるんですよね。しかも、実はそういうことで失敗していく料理人って多いんです。

まぁ、ひとことで言えば、この世界はそんな華やかなもんじゃないんだし、かっこいいことなんてそんなにないんだから、おいしすぎる話が来た時には我慢をしよう、それで人間が大きくなるのだから……と、ぼくは思ってやってきたんですけどね。

かつて、うちで働いていた料理人たちにしてもほんとに人それぞれだな、と思います。お母さんの具合が悪くなったから、と、ふるさとに帰った人から「家を改造して店を作りました」と、ある時に連絡が来たことがありました。もしかしたらヒマなのかもしれないな、と思って元気づけるつもりもあって行ってみたら、お客さんで満杯なんです。すごく繁盛していて驚かされた。

見ていると、裏の畑で野菜をサッと採ってきてそのまま料理に出しているという新鮮さも売りにできているんですよね。何の運がどう転ぶかわかんないからおもしろい、というのも、この仕事ならではだと思います。

料理店って人気商売だから、運はどうしても欠かせないものです。これは目には見えない、わかりにくいものですよね。ただ、いらっしゃるお客さんに呼吸を合わせるという意味での運を得るためなら、具体的にできる努力もあるんですよ。

たとえば、予測をするという努力、これはいいように思います。前日の夜にお客さんの予約をきちんと見ておいて心で予行演習をしておいて、出勤前も今日はああやってこうやって、と何通りも先を読んでおく。それをしっかりやるだけで全然ちがいますよね。お客さんが来てから考えるっていうのでは、予想外の何かが起きた時にも対応が遅れちゃうんですよ。

長く料理人をやっていれば、あのお客さんはあれとこれを頼むんだろう、と、気持ちが悪いぐらいにピッタリ予測できてしまうこともある。昼のあの方は、ガスパチョとカマスを食べるだろうな、と予測していたら、突然、予約の三〇分前に「今日は陶芸教室が休みだから早く来たよ」といらした時がありました。でも、予測をしてましたからね、三〇分前だけどすぐに出せたんですよ。

そういう時って、運がいいって言うよりは心の準備ができていたってことなんですよね。まぁ、だから厳密に言うと運じゃないんだけど、運に似ているものはそんなふうにやってくることになる。メジャーリーグでも、イチローの守備って、バッターが打つ前から動いてるって言うじゃない？　あれにしても、たぶん予測によって心の一歩が先に前に出ているからなんじゃないのかな。

それと同じで、お客さんに対しても、あれを頼むのか、これで来るのか、とつねに予測をして準備をしておけば、動きは明らかによくなる。テーブルに出すのが二分でも三分でも早くなれば、お客さんの感想も変わるでしょう。こんなに手のかかる料理を、こんなに素早く、とね。そういう意味での運なら、頭と体を臨戦態勢にしておけばやってくるんですよね。

もう成人した娘に言われたんですよ。お父さんから「店をやめたい」って話なら何度聞いたかわからないけど、「料理をやめたい」とは一度も聞いたことがない、と。確かに、「もう、店をやめようか」とはほとんど毎年言ってる。経営ってほんとうにきつい仕事なんだもんね。

でも、「料理はやめたいとは言わないんだから、好きなんじゃない？」と娘に言われると、もしかしたらそうなのかな、だから何とか続けてこられたのかなとも思うんです。

＊1――菓子職人

東京・世田谷のフランス菓子店「オーボンヴュータン」のシェフである河田勝彦氏（一九四四年生まれ）からは、二〇〇九年の一月一五日に、この箇所に関連している談話を聞いた。

「二三歳の時、フランスに出かけたら、当時のパリではどの菓子も日本で見たことがないものばかりだった。しかもおいしい。カルチャーショックだったな。アジア人は職や立場をもぎ取らなければ飯を食う金をもらえないから、当然攻撃的になり、自己主張もして活動的にもなった。素晴らしい味には誰よりも感動をしていたし、その半面で恥もかきまくった。

おれは現地の店に慣れたら、むしろこれでいいのかなと飽きるほうなので、いろいろな店でよそ者として働くのは刺激があった。でも、二年もしないうちに、こんどは菓子業界の全体に対して飽きちゃったんだ。当時のパリは五月革命の混乱期で、自分もこのままでいいのかと問い直されたこともあってね。

それで自転車で放浪旅行に出た。とは言えカネがないので、途中で農家で働かせてもらったけどね。一日に一五〇キロから二〇〇キロは自転車で進むという強行軍だったから、首も背中も日焼けでボロボロになった。走りすぎて自転車が壊れて、ボルドーでブドウ狩りでもしようかなと手紙を出してみたら快諾してくれた。あとで考えれば、収穫期の人手はひとりでも多く欲しいので、そりゃ快諾だろうよと思えるほどの重労働だったけどさ。

ボルドーでは、地平線まで続くかのような広大なブドウ畑を、一週間でぜんぶ収穫したな。早朝から夕方までずっと中腰で。職人たちはもうハサミで指先が切れていてね、ブドウ狩りをするためのような体を持っているプロばかりだった。それで一〇日間は毎日一六時間の重労働だった。比喩ではなくてヘドが出たね。でも、作りたてのワインを飲み放題という職人どうしの食事時間は、ブリューゲルの絵画の農夫の食事風景のようだった。豊かでおいしくて雰囲気があって、タフな職人たちに救われたような気がしたんだ。あれが、おれの原点なんだろうな。

いくら進路に悩んでいても、菓子屋は菓子屋なんだとその時に思ったの。おれはこれしかできないのだからと、菓子の世界に戻ることにしたんです。そこからはフランスへの同化も早くて、半年働いて二ヶ月遊んでという生活を繰り返した。

おかげで、どんな店でも一週間で仕事の根幹をつかめるという能力は手に入れたよ。滞仏して七年目からは菓子部門から料理部門に移りもしたし、そのあと数店を経てパリのヒルトンでシェフパティシエにもなった。前のグランシェフの指名でシェフになったんだけど、同僚は日本人が上司になるというのには我慢ならなかったようで、叩かれに叩かれた。現場の抵抗はものすごかった。

でも、任されたんだからシェフパティシエはおれでしょ。仕事の進め方も料理のスタイルも先代のものを捨てる方針を貫いたんだ。ただ、就任してから半年ぐらいはほんとうに睡眠は一時間だったね。

八人から一〇人ほどの部下を認めさせるには結果を出すしかない。料理も大切だけど部下は労働条件を改善しなければ認めない。だからヒルトンの労組と交渉して給料をあげたりして、そういうことを一年半ぐらい繰り返したら急に『やめよう。やりきった。日本で店をやろう』と思った。

滞仏中から日本は好景気だったから、ヒルトンのシェフパティシエだったおれには日本からいくつかヘッドハンティングが来たけれど、話をするたびに職業意識の差を感じ、この人たちとは仕事をするまいと思っていたの。だから親戚じゅうから反対されたけれども兄貴に一〇〇万円を借りて、浦和で最初から自分の商売をやることにした。店ではなく、厨房で菓子を作るのみの卸業ですね。厨房と言っても店と言っても四畳半のブリキ小屋だけどね。

卸業の合間には、菓子の講習をしたり菓子を風呂敷に包んで新宿で行商したり。こういう性格だから、かっこよく口当たりのいいことを言ってマスコミに出ることもないので認知度は少しずつしかあがらず、お客さんがついてきてくれたのは四年目ぐらいだったのかな。当時もいまも営業方針は単純で、一円でも余ったら続けられるってことだよ。それでいいのよ。菓子屋なんだからさ、おいしいものを作るのが第一でしょ。儲けはあとでついてくるんだ。

浦和の店が五年過ぎて軌道に乗ると、だんだん、東京でやりたいことが頭の中でパンパンに膨らんでいった。それで蓄えもないまま銀行に半年しつこく通って一億円を借りて、一九八一年に世田谷に開店したのがいまの店なんです。

店名は先に店のマークを洋梨に決めて、洋梨で作るいちばんおいしい菓子を考えて『オーボンヴュータン』に決めた。これは、いまも毎日店頭に出してる名物の菓子なんだ。

ただ、一億円の負債はきつかったなぁ……。息子もふたりいたので生活はたいへんで、女房と何万回もケンカをしたけど、時間をかけてようやく完済したよ。

最近の主流の菓子は大半が二次加工品や三次加工品の組みあわせで、似た味になりがちだよね。程度問題ではあるけれど、たとえばおれは卵の処理にしてもできるだけ一次加工から汗をかいて、本来のおいしさ、厚みのある菓子を出そうとしている。還暦は越えたけれど、まだまだその辺のパティシエには負けたくないよ。

仕事をする姿勢としては、職人なんだから菓子に専念するのは当然だよな。トイレも休憩時間に五分で済ませるのは当然だよ。それに、菓子だけ作っていればこんなにラクなことはないよ。仕事って、むしろ開業や営業の継続や人材の獲得そのほかもろもろの、膨大にある実務のほうがずっとたいへんなんだ。

若い頃に働かせすぎたせいで女房は倒れてしまって、いまは銀行の支払いも自分でしているけれども、事務ってのは時間がかかるよね。あれも含めて仕事なんだ。若い人は何を見ても技術や方法なら『知っている』と思うだろうけど、その先にあるものを見てほしいね」

＊2――プロセス

これについては、表参道のフランス料理店「ラ・ロシェル」でシェフをしている石井義昭氏（一九五三年生まれ）に二〇〇八年九月八日に話を聞いたことがある。

「ぼくの実家は長野の農家です。いわゆる本家の長男だったのでほんとうは家を継ぐはずでしたが、料理に出会って実家は弟に任せることになりました。いまも店の料理に使っている野菜の中には、母が長野から送ってくれる小豆やノカンゾウや夕顔があります。キノコ類も長野産を使っているし、燻製用のチップには実家近くのスギやヒバを使っているので、故郷と仕事はかなり結びついていますね。

いまって二四時間営業のコンビニもあるから、一見食べものを調達する上では便利になったようではあるけれど、むしろそういうことで、自然の旬や食べものを得るためのプロセスが見えなくなってしまった残念なところもありますよね。ぼくの小さい頃は、実家の近所の農家も皆そうだったけれども、うちは決して裕福とは言えませんでした。冷凍庫もなかったからアイスボックス付きの自転車でやってくるアイスキャンディー屋さんを楽しみにしているような環境で、どう考えても食べものの選択肢は限られていた。でも、だからこそ母も父も野山の食材で工夫をして、私と弟のお腹を満たしてくれていた。そこには自然の恵みをいただく、ムダのない食べものの連鎖があったように思います。

そういうタイプの体験の典型例が、ぼくと鶏との関係でした。実家では鶏というのは生活の一部なんです。産みたての卵を取ったら母鶏が怒り出すから、しばらく経ったあとに取ってきて食べていました。卵を産めなくなった鶏も無駄にはしないで食べる。屠殺した鶏に母が熱湯をかけて羽根をむしる姿は日常的な光景でもありました。ただ、屠殺は見るとやるではぜんぜんちがう。やらなきゃいけなくなってやってみたら……まず、鶏は気配を感じ取りますから逃げるんですね。抵抗するのでなかなかうまくいかない。ぼくもその頃は非力な子どもですから、そんな子が鶏の首筋を切っても充分じゃなくて、血が飛んで逃げるだけなんです。仕方がないから家の裏に寝かせてある丸太、これはのちに家の柱にするために乾燥させてあったものですけど、これに鶏を縛って動けなくさせてからシメました。それで二年ぐらいは鶏を食べられなくなってしまった。その食べられなくなったことも含めて、ぼくは手間のかかる自然のリズムの中で育っていったんですね。

高校の頃には陸上の五〇〇〇メートルでインターハイに出場していて、いろいろな大学の陸上部の監督がうちに来て『推薦入学で』と誘ってくれました。勉強もクラスで三番だったから大学には入れたはずだけど、母から本家の長男は家を継ぐんだから大学は必要ないと言われ、兼業農家の父と同じようにサラリーマンになりました。入ったのは国土計画で、のちのコクドですね。ボウリング場もやっている会社だったから、当時流行っていたボウリングをたくさんやれるんじゃないかな、と。かなり軽い気分で入ったんです。新人研修の時にも、希望の職種を書く欄には『何でもいい』と書いた。だから、苗場や軽井沢のプリンスホテルではじめはサービス係を、そのうちに料理をとなっていくのは偶然でした。だけど、やってみると先輩にも言われたのですが自分には合っている仕事のようでした。そのまま負けずぎらいな性格が出て、まわりよりうまくやりたいな、と頑張るうちに料理にハマっていって。職場に東京から渡仏経験のある料理人が来ると、フランス語でやりとりをしている姿なんてかっこよくてね、それで、よし、自分もと原書の料理事典なんて見ているうちに東京に行きたくなった。そこから新宿や東麻布の店を経て三四歳の頃にフランスに行ったんです。

実はこのフランス行きもたまたまでした。当時、ぼくは腰を痛めていました。医師には立ち仕事は控えなさいと言われていた。もう、結婚していたこともあって料理は潮時かも、と思っていた。それなら後悔のないよう、料理をやめる前にフランスに行っておこう、と、三ヶ月の思い出作りとして出かけたんです。でも、そこから四年間、一回も帰国しないうちに五店の二ツ星店で働くことになった。行ってみるとどうもフランスの水が合っているんですね。とにかく肉が好きでクセのあるロニョン・ド・ヴォーも大好物だし、フォア・ド・ヴォーなんて一回で三〇〇グラムも食べていた。知らないうちに腰痛まで治っていました。

フランスでよくわかったのは、やはりプロセスのしっかりしている料理はまずいわけがないということでした。そういう素材にたくさん出会えましたからね。休みの日には、海まで散歩に出かけたものでした。魚屋のオバちゃんが自転車一杯にピチピチした魚を積んでいるのを見かける。あ、うまそう。それで何フランか聞いて買って、散歩の帰りにどう食おうか思案しながら歩いて、昼にジュッと焼いて食べる。そういうものって、まずいわけがないんです。獲れたてというだけじゃなくて、積んできたオバちゃんとのやりとりも含めてうまそうなんですからね。プロセスに敬意を払い、よし、おいしさを出したいなぁと料理人が心から思う。そこにおいしさが生まれるわけです。過程のある料理には外れがないし、フランス料理の魅力って、こうしてああしてとプロセスを突き詰める論理にあるのではないでしょうか」

＊3――築地

日本料理店「つきぢ田村」三代目の田村隆氏（一九五七年生まれ）からは、この箇所に関連している談話を二〇〇九年七月一七日に聞かせていただいた。

「小さい頃は、この『つきぢ田村』から三分ぐらい歩いたところに一三坪の三階建てがあってね、両親と妹、店の若い衆たちと住んでいました。せまい家にそれだけ大人がいれば耳年増にはなるよ。おれと妹が眠っていた二段ベッドがあるのは二階のわずか二畳半のスペースだった。そこからカーテン一枚を隔てたら居間と両親の寝室になる。三階は若い衆たちの寮がわりになっていた。一階は台所とガレージで、ガレージに車が入ってくると煙がボワーッと家中に広がるんだから、いま思えばどんな造りだよって家だったけど、おれにとっては少年時代と言えばあの排気ガスのにおいなんです。で、おれと妹のいるスペースにはカーテン一枚を隔ててどんどん大人の情報が入り込んできていた。夜は料理人たちがする麻雀の音が聞こえていてね。ゴミ箱に捨てられているのは『平凡パンチ』だった。

近所のともだちと遊び終わって家に帰る時間には、会社勤めの家なら親が帰ってくるところなのに、うちは両親とも店に出かけてしまう。徒歩三分圏内の店にいるということはわかっているけど、目の前に親がいないのは割とさみしかったですね。だから駄菓子屋さんで買い食いしたり、通りかかる屋台のおじさんには、『ぶ』くれ、『ぶ』、と言ってちくわぶを買ったりしながら、銭湯にひとりで行く。当時、店には風呂があったけど家にはなかったから。そこで湯に浸かりながら話すおじさんたちには礼儀を教わった気がしますね。銭湯の湯って子どもには熱いじゃない？　でも、だからって湯を水で埋めようとすると『小僧、水入れんじゃねぇ！』と怒られて、それで大人のご機嫌を取るために背中を流したりもしたんじゃないかな。たまにそういうおじさんから『小僧、あれ飲んでいいぞ』とおごってもらった『パンピーオレンジ』って飲みものを湯あがりに飲むのがすごくおいしくてね。おれはそうやって築地周辺の大人とたくさん接する、話をするという中で育ったようなもんです。自然と、ガキのくせに大人の顔色をうかがうようなやつにはなったけれども。

そうやって親父もお袋もいつも忙しくしてたから、おれは家庭というものに飢えたすねたガキにはなりました。お袋は昼の営業の時には洋服を着て、あのお客さんには次はお刺身をなんて指示を出したり帳場を担当したりしていたけど、夜の営業前には着物を着て、いつも美容院に行ってからお客さんの前に立っていた。その頃はまわりに簡易宿屋である待合なんてのも多かったから、いつもきれいにしていた母は、小学校時代の同級生の親たちからは水商売の人だなんて思われてたみたいだね。その頃は料理屋ってのはいまよりずっと偏見にさらされていたし、祖父と祖母が店の座敷で泊まっていたように、かなり必死にならなきゃ利益はあがらなかった。後々、祖父が女子栄養大学に教えに行くようになって、大学講師という肩書を名刺に刷るようになったのも、ＮＨＫの『きょうの料理』に出て、そのうち親父やおれも出るようになったのも、そういう見られ方を少しでも変えたかったという延長線上での行動だったんじゃないのかな。

親父とのコミュニケーションの場は築地の河岸だった。夏休みとかになると、親父についていくのね。そうすると築地で親父は『顔』だったからさ、あちこち歩いて、よう、とか、こんちは、なんて言いながら仕事をしているところについていって、最後に寿司を食うってのが楽しかった。その頃は築地に一般人は入れなかったから、まわりにいるのは長靴を履いたオッサンばかりで、みんな、イキだったよなぁ。そういう中で、高校の頃には弁当の配達なんかを手伝って、近所の会社に届けにいったりしていたけれど、そうしているうちに、ネクタイをしてアクセクするより白衣を着て何かを作っているほうがいいよな、と、この仕事に就きたくなったのよ」

おわりに

本書に登場していただいたのはいわゆるベテランと言われる料理人のみなさんである。長い間、肉体を酷使する労働の「ままならなさ」を耐えてきた人たちに話を聞きたくてそうなったのだけれど、この年代の方々の声を並べることで、ほんものに驚き、憧れ、そこに一歩でも近づこうといろいろな人がもがいてきた「日本の外食業界における青春時代」とでも言えるものも、立体的に見せたいと思うようになった。

戦後まもなくからの料理人たちは、エリートとして扱われてきたわけではない。公務員や会社員のように大きな組織に所属することも少なかった。そのため、海外修業にしても、組織に任命されてではなく、私費で運命を賭けるようにして出かけていった。そのような修業は、一九六〇年代に、個人による自由な海外旅行が解禁されたことで、ようやく実現したわけである。フランス料理、イタリア料理といった外食業界における重要なふたつの料理が日本に定着するのは、おおむね、そうした海外経験者による料理店の経営が安定しはじめた一九八〇年代の後半以降だった。

　組織に属していない中卒者、高卒者を中心とした個人による海外挑戦とそのあとの事業展開には、明治以来のエリートによる「洋行」とはまた異なる差別に対する苦闘、現地の普通の人たちと商売を通して関わるという新鮮味があると感じられる。町人の視点からの歴史のひとつの側面を、彼らの発言で伝えておきたいと思ったのだ。

　欧州の料理のみならず、中国料理も日本で本格的に受け容れられたのは一九七〇年代の日中国交回復以後である。日本料理も一九八〇年代までは当然のように化学調味料が使われていた。そのように、いまは「世界一の美食の国」とも言われる日本の外食業界も、その成熟は割と最近のことだったということは、註釈も含めた証言によって提示しておいた。

　日本でも欧州でも、料理店における「二〇時間労働」だとか「始発から終電まで」だとかいう労働量は、法律の整備などに伴って制限されるようになった。取材で目にする限りでは、機械化を進める店も増えてきているようだ。とんでもない時間と手間をかけて素材を煮詰めるなどして、どっしりとした価値を出していくという料理の作り方は、軽い料理の流行とも相俟って、昔のものとされつつもある。しかし、開拓者ならではの労働の感動をもっとも味わった世代の料理人たちによる肉声は、その「異文化に触れた新鮮さ」という観点で、外食産業が成熟期を迎えているいまの時代においても、「料理とは何か」「仕事とは何か」を考える契機になる、残しておくべきものだと思うのである。

本書の内容をぎゅっとひとつの方向に集約させていく過程では、編集者の田中祥子さんにたいへんにお世話になった。ていねいで愛着の持てるかわいらしい外見のデザインや、読みやすく端正な文字の配置では佐々木暁さんにたいへんにお世話になった。記事を雑誌に連載していた際には、柴田書店の「専門料理」編集部のみなさんにたいへんにお世話になった。ここに、感謝の気持ちを記しておきたい。

二〇一一年一一月

木村俊介

文庫版のおわりに

本書の文庫化に際しては、書名を『料理狂』にさせてもらった。チャップリンによる映画の魅力的な邦題『黄金狂時代』の字面がこの一連の取材から受けた感触に近いと感じ、はじめは「料理狂時代」という言葉をイメージしたものの、次第に「時代についてというよりは、仕事への没入そのものについてのインタビューを重ねていった企画だったよな」と感じるようになり、今のかたちにした。

料理人の方たちに語っていただいた、日本の（おもに個人経営による）レストラン界の青春時代にあったものは、労働への没入とそれを通した独創性の探究だったと私は思う。仕事の内側に見境ないほど入り込み、時にはほとんど勝算や採算などの計算は度外視してまで「ほんもの」に憧れ、体を動かし、考えを深めていく。そのプロセスを言葉によって追体験しながらつくづくと考えさせられるものがある点にこそ、彼らの発言に二一世紀にも触れることの意義を感じる。

と言うのも、取材をしていると、今の日本におけるものづくりは、「よそのものを割とそのままマネした加工物」や「ある大きな資本やシステムの下に従属して、チェーン店のように誰が働こうと同じぐらいの質の、いわばたいていは誰でも作れるものを大量に提供し続ける縮小再生産」がかなりの割合を占めているように思えるからだ。

これは外食の世界のことだけではない。インタビュアーという職業柄、さまざまな業界に取材をしに行き、最近は製造や医療の分野などでの人物インタビューの業務も多いのだが、そこでも、マーケティングやコンサルティングによって決められたことを兵隊として遂行するだけという程度の「自動的に作業を進めていくようなものづくり」が増えているな、と感じる。景気の良くない状態が続き、資本の統合も進み、今や、日本の国内は、同じようなシステムで処理され作られていくものばかりで溢れているとも言えるだろう。

私自身が個人に対して長いインタビューをすることを生業にしているという背景から、そうした声が届きやすい面もあるとは想像するが、個人の創意工夫に重きが置かれにくいものづくりの現状に危機感を覚えている人にもよく会う。しかし、「どうにかしたいが、正直なところ、どうにもならないな」とでもいうような現場の空気も感じる。創意工夫の代わりにものごとを大きく動かしているのは、現在のネット時代にこそ隆盛を誇っている「クレーム文化」ではないだろうか。

そこでは、「各分野の専門家が思う、ほんとうに価値があるプラスのものを提供する」というよりも「消費者がパッと見た印象で感じ、苦情を伝えて騒ぎを起こしたマイナスのものを除去する」というトラブルシューティングに軸足が置かれる傾向もある。消費者の口コミを中心としたランキングサイトも花盛りで、料理でもそれ以外の世界でも、新しい文脈を掘り起こして提案するものづくりは、既にあるものをマネして少しの改良・洗練を加えることに比べて、もはや割の合わないものにさえなっているのかもしれない。取材をしていても、当初は他と違う内容を語るためのインタビューとしてはじまったけれども、まとめるうちに関係者が苦情を怖れるなどから「うちは、よそと同じ水準でやれている」と、不思議なほどに他の人や組織との共通点や安全性を強調して、実情を隠して粉飾するという「誰でもやっているよく見せようとするドーピング」に終始して、独創性がなくなる事例も増えているように感じる。そんな環境で新しいものづくりはどう掘り起こされるのだろうか。私が二〇一六年の夏にした取材で言うのならば、あるバーテンダーに対するインタビューでの「良いものとは、誰にでも好かれるものではありません。本来ならば、嗜好を究めるほど評価も分散するはず。トップシェアとは、好みに対してとくに考えず、ただ『買い物に失敗したくない』とだけ思っている層が、わかりやすいブランドを買った結果なのかもしれません」という言葉が、ずっと心に残っている。

このところのそんな問題意識もあるからこそ、新たに届け直す文庫版の書名には「狂」という文字を入れて、仕事への没入そのものにも焦点を当てたいな、と思ったのである。

もちろん、ものの作り方やサービスの種類には、さまざまなものがあっていいだろう。労働者の権利を尊重して、「ワークとライフのバランスを取る」みたいな選択肢を制度化することも必要だとは思う。しかし、オリジナリティのあるものづくりに少しでもにじり寄っていくことや、ほんとうに納得できるものを生み出すことは、もしかしたら、もっと苛烈で、ほとんど前後不覚になるほど長い時間が注がれ続けたものなのではないのかな、とも感じてきたわけだ。

本書に収録していない料理人に対してのインタビューで、ことあるごとに思い出す言葉がある。

「三ツ星も高級菓子店も経験し、名料理人と言われる人とも働いてみて自分なりにわかったのは『技よりも心が大事なんだな』ということだな。とくに高級菓子店『エルガーリッシュ』のムッシュ・エルガーリッシュと、『トロワグロ』のジャン・トロワグロは、心がすごかった。『エルガーリッシュ』はパスツールにある菓子と惣菜の店で、今思えば、あの地方料理の惣菜は宝の山だった。でも、その頃は見逃しちゃっていたな。まぁとにかくエルガーリッシュさんは爆撃機みたいにパワフルでね。当時、四七歳だったと思うけど、二二時間ぐらい働いていても平気みたいなの。体もデカくてね、つねに調理場にはいちばんに来ていて、おれなんかクソミソに言われました。『仕事ができねえなぁ』『おまえ、要らねえから！』なんて怒られて泣いたけど、仕事を離れると優しいの。クリスマスの繁忙期に手伝いに行けば、こっちは見習いなのに最低賃金の倍以上の給料をくれたり、熱い人なんです。腕がいいなんていうのはほとんど問題にならないぐらい、店をやるには心が大切なんだということを教えてもらいました。／愛情があるし、情熱があるし、前向きな心がある。お客さんからの注文も絶対に断らないから、クリスマスに向けたいちばん忙しい時期の労働時間は一八時間、二〇時間とだんだん増えていって、最後には朝の六時から翌朝までの二六時間労働になっていった」（東京・四ツ谷のフランス料理店「北島亭」のオーナーシェフ・北島素幸さんに二〇〇七年の八月十六日と二一日に聞かせていただいた発言で、拙著『仕事の話』／文藝春秋から引用した）

私が取材者として痛感してきたのは、「人は一生のうちにそんなに多くのことを究めることはできず、まして何がしかの独創性にまで辿り着こうとするのならば、よほど器用な人でなければ、せいぜいひとつぐらいのこと以外に何もできなくなるほどの現実があるようだ」ということだ。尊敬する人物に話を長く聞き、独創性を見つめさせてもらうたびに、ほとんど「かわいそうな雰囲気」まで感じさせられるほど労働の量が多いという実情を目の当たりにもしてきた。でも、他のことは何もできない、なんて生活の中にじわっとにじんでくるような幸福だって、聞かせてもらってきたように思う。

「店が資金難になっても、素材の質は落としたくないでしょ。だから『洗いもので使った水をほかで利用できないかな？』とか、『おれたち夫婦はジャガイモの皮をゆでて食べればいいや』とか、素材以外を必死に節約したんだけど、奥さんは『お客さんのため』という思いが強すぎて、客席に飾るためとは言ってもかなり高い花を買ってきちゃっていた。『おい、おれは一円でも節約しているんだぜ？』なんて言ったけど、店を作りあげてくれたのは間違いなく彼女のそういう気持ちでした。それまでの社会人経験こそ半年ではあったけれど、心をつくすんです。一心に仕事をしてくれました。／誕生日のお客さんがいるテーブルの側では、大きい声で楽しそうに『ハッピーバースデー』と歌っていた。ウエイトレスの経験もないのに精一杯でね。素人の彼女がお客さんの心を動かしていたんです。素敵だったな。今も、思い出すだけで涙が出そうになる光景なんです。（中略）／とくにはじめの頃には、いつも夫婦で終電で帰っていました。おれが店に泊まって働かなきゃいけない時には、奥さんは夜中に着替えを持ってきてくれたり、知らないうちに眠っていたおれに毛布をかけてくれていた。こっちも毎日必死だったとは言え、ずいぶん彼女を怒鳴ったりもしたんじゃないかな。／彼女には、一生かかっても恩返しができないよ。彼女はおれの宝物だし、一緒に仕事をした一〇年間の大切な思い出は何にも替えられません。まぁ、今そういう話をすると、奥さんは恩返しなんていいと言うんだけどね」（これも北島素幸さんの発言で、拙著『仕事の話』から引用した）

料理も含め、ものづくりをはじめる頃には、まず「何をするのか」「何ができるか」が問われ、職場で具体的に機能する役割を担うことになるのではないだろうか。キャリアを重ね、何とか生き残れば、いくつかの技術を自分なりに自在に用いていることに気づく。何かの道具として使われ機能する立場から、自分で道具を使える立場へと変化してゆく。そのあたりで、ものづくりを担う個人に求められる資質は、「何をやるのか」から「誰になるのか」になっていくのかもしれないな、と思う。ものを作る人間の価値は、「どんな技術を見せられるのか」から、だんだんと「どんな姿勢でものを考えるのか（どんな人間として現実の問題に向き合うのか）」に移っていく、とでもいうような。本書に登場していただいたみなさんの言葉を追体験することであありありと感じられることも、そんな「何をやる」から「誰になる」までのプロセスだろう。

膨大な労働の量が質に転じ、個性や考えが蓄積される中で恩寵や賜物として与えられるものが、引用した北島素幸さんの発言にあるような「気持ち」や「思い出」で、それらが宝物として、働く人やものづくりを支えていくものなのだな、と接客業の中にある人生を深いところで感じることができたのは、料理の世界を取材していてうれしいことだった。

文庫化にあたり、企画の本質を「仕事の中にぐっと入り込むこと」と丁寧に捉え直してくださった編集者の大島加奈子さん、静かな抑制を通してこそ熱や渦を感じさせる格好良いデザインをほどこしてくださった佐々木暁さん、そして、文化、労働、料理などの生まれる現場の「きらめき」を勢いがあるまま彫り込むような文体で、素敵な解説を記してくださったトミヤマユキコさんには、たいへんにお世話になった。ここに感謝の気持ちを記しておきたい。

二〇一七年一月

木村俊介

解説――「ごちそうさま」と言いたくなる本

トミヤマユキコ

『料理狂』の著者である木村さんは、「インタビュアー」の肩書きで仕事をしている。わたしも人に話を聞いて記事にまとめることがあるけれど、それは「ライター」としての仕事であって、インタビュアーを名乗ろうと思ったことはないし、今後も名乗れるとは思えない。相手の話を「聞く」ことはできても深いところから「引き出す」ことができているか、ちょっと自信がないからだ。

わたしだってそれなりにライター歴はあるから、「お、これはけっこう引き出せているのでは？」と思う瞬間がないわけじゃない。自分の質問をきっかけに、相手の中に眠っている、本人さえも気づかなかったような言葉がポンと出てくるのは、とてもうれしい。奇跡のようだと思う。でもたぶん、木村さんにとってそれは奇跡じゃないんだろう。インタビュアーとして、当たり前のことなんだろう。同業者だからわかるのだ。インタビュアーと名乗るには「覚悟」が必要だってことが。

本書は、そういう覚悟を背負った人の本であり、問題設定のスケール感や、語りの密度がぜんぜん違う。「はじめに」からして、すでにすごい。「料理人にインタビューするんでしょ、そのための前口上でしょ」と思って読んでいたら、「現在、日本は、世界に冠たる『美食』と『漫画』の国である、などとも言われている」と言い出し、「料理と漫画の仕事の共通点」を探ろうとするのだから。「そこからはじめるのか！」という驚きとワクワク感で、はやくも胸がいっぱいになる（まだインタビュー読んでないのに）。

木村さんによれば、料理と漫画はいずれも「手作業が直にお客さんに感知され、高級とされるもの、または人気のあるものほど手作業の機械化が進んでいない」「とんでもない労働の分量」といった点においてよく似ていて、どちらも「誰にでも、可能性は開かれている」けれど「つぶし」が利かないものでもあるという。言われてみれば確かに……！

およそ近接しているとは思えないジャンルの共通点を見つけ出し、その内実をインタビューによって明らかにするやり方は、わたしたちに新しい世界を見せてくれる。少なくともわたしは、本書と出会ったことで「料理を見たら漫画のことを思い出してしまう」人間になった。この先ずっと、凝った料理を見れば、凝った漫画を思い出し、ひどい料理を食べれば、ひどい漫画に喩えたくなるだろう。なんだかおかしなことになったが、愉快だ。

日本の文化という広いフィールドがまずあって、その中に料理や漫画が存在しており、料理の世界にフォーカスを合わせると、そこには料理人たちひとりひとりの物語が息づいている……そういう「文化の生態系」をわたしたちに示した上で、このインタビュー集はようやくはじまる。だから本書を読むことは、料理人の個人史をエンタメとして消費するだけでは終わらない。読めば読むほど、料理の世界がクリアに見えてくるし、日本の食文化がおもしろく感じられるようになる（し、ついでに漫画のことも考えたくなる）。このことだけでも、本書が凡百のインタビュー集とは違うことがおわかりいただけるだろう。

本書に登場するのは、いずれも日本の料理界を代表するひとばかりだ。ところどころに「注釈」がついているのだが、そこに登場する料理関係者たちも、大物揃いである（この注釈、本当に豪華なので読み飛ばさないでほしい）。でも、読者にとって、彼らを知っているかどうかは、あまり関係がないと思う。というか、高級料理にさしたる興味も持たずに生きてきたわたしは、ほとんど無知と言っていい状態から本書を読みはじめたわけだが、それでも彼らの話は十二分に読み応えがあった。自分の知らない異世界の住人でありながら、共感・同情せざるを得ない人間臭さもあって、読んでいるうちに彼らが、どんどん身近に感じられてくる。

たとえば、フランス料理の田代和久がとても貧乏だった頃のエピソード。「市場内に落ちている魚や野菜を『欲しいなぁ』と見ていたら『持ってけ』と言ってもらったこともあった。余裕がなくて必死だから、それを恥ずかしいとも思わなかったよ」……壮絶すぎて、笑えない。道に落ちている食べ物を拾って、店に出そうだなんて、はっきりいってどうかしている。そこまでして店を続けようとするなんて、狂気の沙汰だ。でも、そこまで愛せるものがあることは、素直に羨ましい。田代は、料理への狂気＝愛に支えられるようにして店を軌道に乗せていくのだが、その展開のドラマチックさたるや、まるでスポ根漫画である。

スポ根漫画と言えば、厳しい勝負の世界だけでなく、男子の青春を描くのもお約束だが、フランス料理の谷昇のインタビューに出てくるエピソードは、まさに青春である。「うちのスタッフはみんな自転車通勤だけど、この間の夏、仕事が終わった頃に大雨になったことがありました。『これ、自転車じゃダメだろう。服もズブ濡れになるし……もう、パンツで帰れば？』そう話したら、スタッフの男ふたりは、ほんとうにパンツとTシャツで帰ってった。午前四時半にね。『職務質問に遭わないようにな！』と見送りました」……夏の日の夜明け、雨の中を進んでいく自転車を漕ぐのは、バカみたいな格好をした男たち。なんとも微笑ましいではないか。

しかし、料理人の世界がスポ根漫画に見える、ということは、それだけこの世界が厳しいということの謂《いい》である。海外に修業に行けば、言葉の壁や人種差別があり、帰国してからも、オーナーシェフになるまでには、かなりの紆余曲折がある。

料理の道を極めることは、ひたすら経験を積み上げることと同義なので、彼らはとにかく転職を繰り返す。ここで、イタリア料理の鮎田淳治のインタビューを見てみよう。「三年間の料理学校時代には、休日も長期休暇も先生に紹介してもらった別の店で働いた。就職して三年ほどホテルレストランで働いたあとには、慣れた職場に埋没しても仕方ないからと無給でも貴重な体験のできる最高級のホテルで働かせてもらった。そうしてぼくが勤勉に過ごしていたのは、転落しないように必死だからでもあったんだ」……よく新社会人が「会社をすぐ辞めると履歴書が荒れる」とか言っているのを聞くが、料理人の場合、ひとつの店に三年以上いることは、勤勉であるどころか、むしろ怠惰であることを意味する。店は辞めてなんぼ、居場所は変わってなんぼ。本書の元となった単行本は『料理の旅人』というタイトルだが、一流の料理人になるためには、たったひとりで、旅するように働くしかない。そういう意味で、彼らは「孤独を知る者」でもある。美味しい料理には、孤独というスパイスが効いていなければならないのだ。

店を動かす歯車のひとつでありながら、同時にひとりのアーティストでもある料理人の人生は、協調性と独創性の間でつねに揺れている。お客さんも含めた「みんな」を無視してはいけないが、料理を作る「じぶん」がしっかりしていないとお話にならない。フランス料理の小峰敏宏は「私も、もちろん、つねに誰が食べても『あ、これは、小峰敏宏の料理だ』と思える個性的な料理を提供したいのですが、実はまだ『小峰の料理』と言えるほどの個性を確立できていないと思っています」と語る。五十歳を過ぎてなお「じぶん」の確立に向けて努力するなんて、終わりが見えないにもほどがある。なんて因果な商売なんだ。料理には流行があり、食べる人の好みがあり、料理人として「これが正解」だと思っても、それはすぐに移ろってゆく。正解があるようでない料理という怪物に挑み続ける料理人とは、どれほど忍耐強い修業者なのだろうかと思わずにはいられない。

そして、こんなにも個性豊かな料理人たちから、こんなにもたくさんの言葉を引き出してみせる木村さんもまた、忍耐強い修業者であり、孤独を知る者だと思う。その証拠に、彼にはとにかく目立つことを嫌うストイックさがある。本書の冒頭には「質問者である私自身は姿を消している。ムダな言葉はひとことでも削りたいし、読んでくださる方には、より直に、より深く、発言の中に潜り込んでいただきたいからだ」と記されている。こうした一文は、木村さんの他の本にも見られるもので、いわば彼のポリシーだ。

インタビュアー自らが、インタビューの痕跡を原稿から消し去ろうとする。この、一見矛盾しているかに思える手法によって、木村式インタビューは完成する。しかし、わたしなどは、料理人たちがノリノリで喋っていれば喋っているほど、「どんな言葉をかけたのだろう」と、逆に木村さんのことが気になって仕方がない（職業病かもしれないが）。

ひと癖もふた癖もある料理人たちの機嫌を損ねることなく、修業時代の思い出から、オーナーシェフとしての経営論までをざっくばらんに話してもらうまでに、どれだけの苦労を重ねてきたのだろう。ときどきは、怒られたりもしたんだろうか。あるいは、盛り上がりすぎて、そのまま飲みに行ったりもしたんだろうか。うう、知りたい。でも木村さんは決して、わたしたちの前に姿を現さない。これは木村さんの本であり、彼の気配が濃厚に漂っているのに、姿だけが見えない。それはとても不思議な、しかし心地よい感覚だ。

料理人たちが「素材を活かすこと」の重要性をひたすら説いているのとリンクするかのように、木村さんは料理人の言葉という素材だけを、原稿という皿にのせようとしているのだから、わたしたちはそれをただ味わえばいい。許されるのは、調理過程をあれこれ想像するところまで。シェフを呼び出していちいち作り方を聞くのは野暮というもの。読者はただひと言、「ごちそうさま」とだけ言ってこの本を閉じるのが、正しいような気がする。

――ライター、研究者

この作品は二〇一二年三月リトル・モアより刊行された
『料理の旅人』を改題したものです。

＊「吉華」久田大吉さんのご遺族で本書をご覧になられた方は、
編集部までご連絡をください。

料《りょう》理《り》狂《きょう》

木村俊介《きむらしゅんすけ》

平成29年4月15日　初版発行

発行人――石原正康
編集人――袖山満一子
発行所――株式会社幻冬舎
〒151-0051東京都渋谷区千駄ヶ谷4-9-7
電話　03(5411)6222(営業)
　　　03(5411)6211(編集)
　　　振替00120-8-767643
印刷・製本―図書印刷株式会社
装丁者――高橋雅之

幻冬舎文庫

ISBN978-4-344-42590-3　C0195　き-32-1

幻冬舎ホームページアドレス　http://www.gentosha.co.jp/
この本に関するご意見・ご感想をメールでお寄せいただく場合は、
comment@gentosha.co.jpまで。